安倍晋三とは
者か？

家の仕組みをつくり変える
家の正体

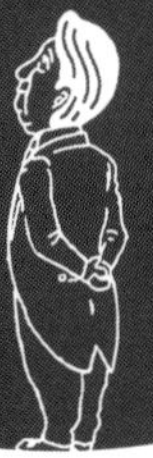

牧野出版

はじめに

本書は、いわゆる安倍政権批判本ではない。安倍晋三という人間を知り、その政策を包括的に捉えた上で、この時代における安倍政権の存在意義を、あぶり出してみようという試みである。

安倍晋三という人は多弁な人だ。歴代首相の中で、政治家の中でというくくりに限らず、一般的に多弁な人だと思う。

能弁なのかと言えばそうではなく、あの多少舌足らずで抑揚のないしゃべり方で、時にはアベノミクス、時には集団的自衛権、時には憲法改正について、まくしたてるように持論を展開、国会の論戦では首相にもかかわらず、ヤジを飛ばすかと思えば、選挙速報でニューススタジオとつながると、キャスターの問いかけに被せるようにして自分の考えをまくしたてる。

ドンと腹の座った強面、水面下での権謀術数に長け、表立ってペラペラとはしゃべらない、というのがかつての自民党の、とりわけ保守の大物政治家のイメージだった。しかし安倍首相に関しては、政治家にしては少し長めのふさふさの黒髪、細めの長身、タレ目の強いとは言えない目力……と、お坊ちゃん育ちの性《さが》を垣間見せるソフトでひ弱な外見を備えている。

ところがである。語られる政治思想は超タカ派で、「戦後レジーム」を脱却するような政策を次々と繰り出しては、野党の無力もあって、しばらくは「1内閣1課題」しか実現できなかったような大きな政治課題を次々と実現しつつある。その言動たるや、外見とはかけ離れた、とてつもない強権政治家なのだ。

この違和感をどう捉えればいいのか。それが、本書を刊行しようと思ったきっかけだ。また、安倍政権ではめまぐるしく大きな政治的改変が目論まれるため、かつて行われていた議論が時代状況の中で風化し、政権が目論む改変がいつの間にか〝当たり前〟のように取り扱われることもある（例えば、財政削減なき消費増税）。昨年14年の衆院選で与党が大勝、新政権がスタートしたのを機に、安倍政権について改めて考える必要があるのではないかと考えたこともある。

そこで、第1章では新たに発足した政権の意味と今後の「シナリオ」を、第2章では安倍政権が掲げる「政策」を考えてみた。そして、「安倍晋三」という人物の研究として、「人と生い立ち」（第3章）、彼を支える「人脈」（第4章）、「金脈」（第5章）を探った。また、第6章では、政治家につきものの〝表と裏〟の顔を確認する意味で、過去の「事件簿」を顧みた。

野党総崩れで政治への期待が薄れる中、過去最低の投票率で安倍政権が信任され、成功するかどうか分からないアベノミクスの高株価による浮遊感が安倍政権に全権を委任しつつある現在、改めて「安倍晋三」という人物と「安倍政権」とは何かを考える一助になればと思う。

安倍晋三を考える会

もくじ

安倍晋三とは何者か？　日本の仕組みをつくり変える政治家の正体

第1章　安倍政権のシナリオを読む

第2章　安倍政権の政策を検証する

第3章 安倍晋三という人間に迫る

第4章　安倍晋三をめぐる人脈を知る

第5章　安倍晋三を支える金脈をたどる

第6章　安倍晋三をめぐる事件簿を顧みる

第3次安倍内閣の初閣議を終え、記念写真に収まる安倍首相と閣僚ら（2014年12月24日夜）

シナリオを読む

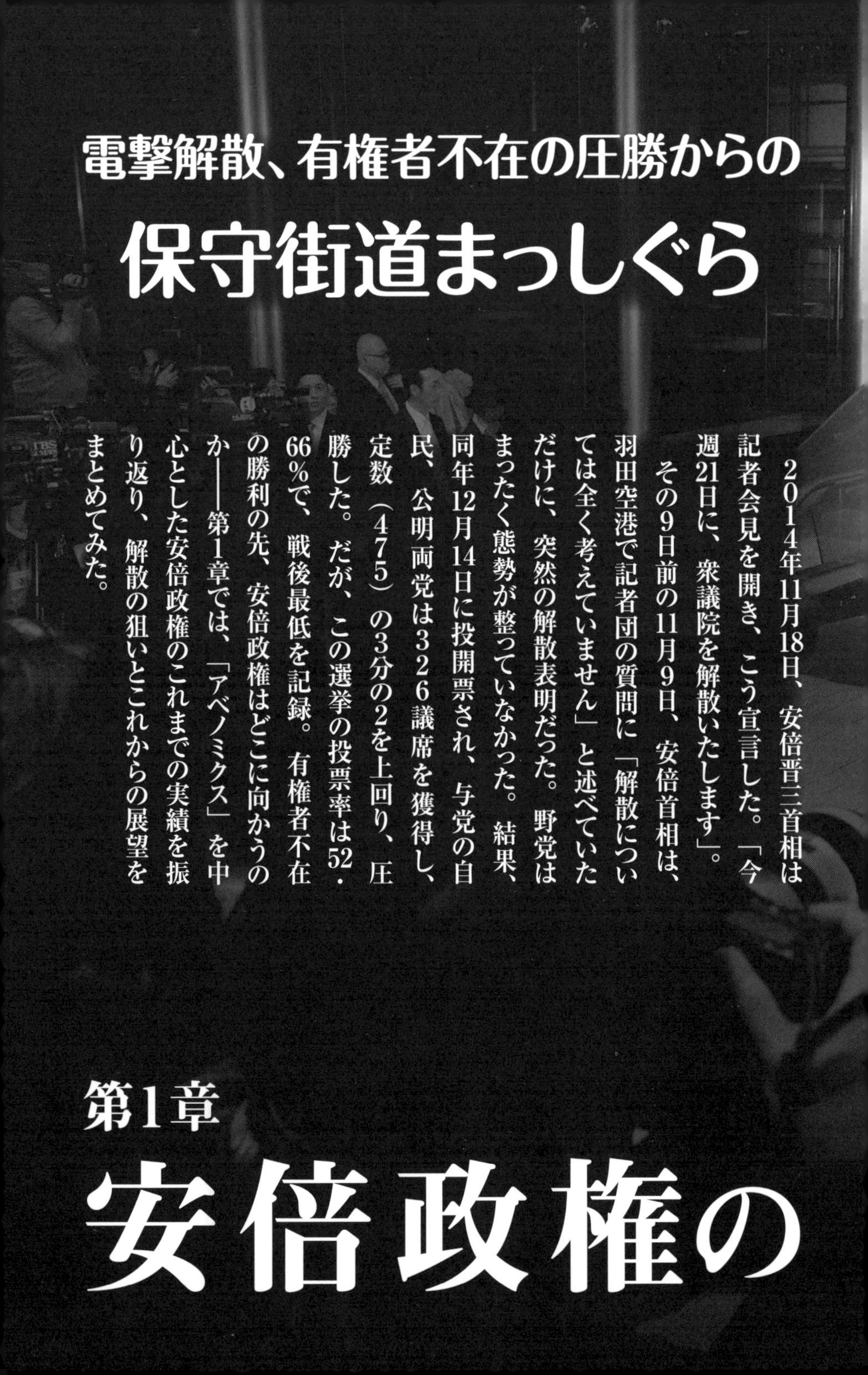

電撃解散、有権者不在の圧勝からの

保守街道まっしぐら

２０１４年11月18日、安倍晋三首相は記者会見を開き、こう宣言した。「今週21日に、衆議院を解散いたします」。

その9日前の11月9日、安倍首相は、羽田空港で記者団の質問に「解散については全く考えていません」と述べていただけに、突然の解散表明だった。野党はまったく態勢が整っていなかった。結果、同年12月14日に投開票され、与党の自民、公明両党は３２６議席を獲得し、定数（４７５）の3分の2を上回り、圧勝した。だが、この選挙の投票率は52・66％で、戦後最低を記録。有権者不在の勝利の先、安倍政権はどこに向かうのか——第1章では、「アベノミクス」を中心とした安倍政権のこれまでの実績を振り返り、解散の狙いとこれからの展望をまとめてみた。

第1章

安倍政権の

で、「アベノミクス選挙」って結局何だったんですか？

予想通りの与党圧勝で終わった「アベノミクス選挙」だったが、与党は実際の得票数の割合以上に過大な議席数を確保してしまった。アベノミクスが実力以上に評価されたことで安倍首相が暴走しないか不安の声も……。

そもそも、解散とは何かということについて考えてみたい。

衆議院の任期は4年だが、衆議院議員がまるまる任期を満了することは基本的にはない。通常は、任期の途中で時の首相が解散し、総選挙を行う。首相が「勝てそうだ」と判断したタイミングで解散して選挙ができるのだから、政権にとって都合のいいカードだと言える。

では、今回の「アベノミクス選挙」はどうだったか。

安倍政権が発足したのは、12年11月16日に当時、政権を担当していた民主党の野田佳彦首相が解散し、行われた第46回衆議院議員総選挙の投開票の結果に伴うもので、任期満了は16年12月となっていた。

安倍首相もいつかは解散をしなければならない。しかも、勝てるタイミングでなければならない。では、なぜ任期半ばの14年11月の解散に踏み切ったのか。

消費増税延期発表と同時の解散表明という奇襲作戦

安倍首相が解散を表明した記者会見では、同時に消費増税延期が発表された。これが解散を読み解く鍵となる。

一般に増税は政治の鬼門だ。消費税も過去、導入から税率の引き上げで、時の政権はことごとく大きな打撃を受けてきた。

一方、今回の選挙では、増税ではなく、増税延期の発表が行われた。そもそも、12年に民主党、自民党、公明党

当選が確実となり自身の名前に花を付けて笑顔を見せる安倍晋三首相ら党幹部。
14年12月14日、午後9時56分、東京都千代田区の自民党本部にて

の三党間で社会保障と税の一体改革に関する合意（三党合意）では、15年10月から10％とすることが定められていた。しかし、三党合意の附則には、「景気弾力条項」と呼ばれるものがあり、景気が悪い場合は、消費増税を延期できることになっていた。

　安倍首相が解散を表明した記者会見の前日に、7〜9月期国内総生産（GDP）速報値が発表されたが、実質年率1・6％減で、事前の民間予測平均の実質年率2・47％増を大幅に下回った。民間予想と政府の統計にこれほど大きな違いが出ることは珍しく、多くのエコノミストが「ネガティブサプライズ」と驚きを隠さなかった。

　さらに、5％から8％への消費増税を受けた前四半期、4〜6月期のGDP成長率は、年率換算で7・1％減という衝撃的なものだった。経済指標が

示す景気の状況は明らかに悪い。そんな中、予定通り、消費増税に踏み切れば、景気の悪化がより進行し、政権運営が苦しくなるのは目に見えている。

　そこで、安倍首相は、消費増税を予定から18カ月後の２０１７年4月に延期すると明言し、この判断を有権者に問いたいとして、解散を表明した。国民にとって明らかな負担増につながる増税を延期することを争点にするというのだから、当然、与党には有利だ。

アベノミクスに対案を出せなかった野党陣営

　もう1つ、安倍首相が選挙の争点として設定したのが、アベノミクスの是非だ。安倍首相は、記者会見でこう述べていた。

「今、『アベノミクスに対して、失敗した、うまくいっていない』というご批判があります。しかし、では、どうすれば良いのか。具体的なアイディアは、残念ながら、私は一度も聞いたことがありません。批判のための批判を繰り返し、立ち止まっている余裕は、今の日本にはないんです」

　確かに安倍首相の言うとおり、「アベノミクス」は一定の成果を収めていることは事実だ。

　世界に「アベノミクス」を知らしめたのが、安倍首相が日銀に放った第1の矢である「大胆な金融政策」だった。安倍首相が自らの判断で選んだ黒田東彦日本銀行総裁は、「異次元の金融緩和」を実施した。これにより株価は高騰し、円安が急激に進行し、日本経済は大きく好転した。

　一方、民主党などの野党はアベノミクスに対しては批判的な立場を取りながら、説得力のある対案を打ち出せず、「景気回復、この道しかない」という自民党のキャッチコピーに対抗できなかった。

自民の得票率は48％どまりなのに議席占有率は69％

　結果、14年12月14日の投開票で、与党は、自民党が２９１議席、公明党が35議席となり、与党全体で３２６議席を確保した。これは定数４７５議席のうち約69％を占めるもので、与党の圧勝となった。

　だが、この選挙結果が民意を正確に反映したわけではない。投票率は戦後最低だった前回の12年の衆院選時の59・32％を大きく下回り、52・66％だった。当初から与党圧勝が予想されたことでしらけムードが漂い、半数弱の有権者が棄権をしたのである。

　また、選挙制度の問題もある。94年

与野党の獲得議席

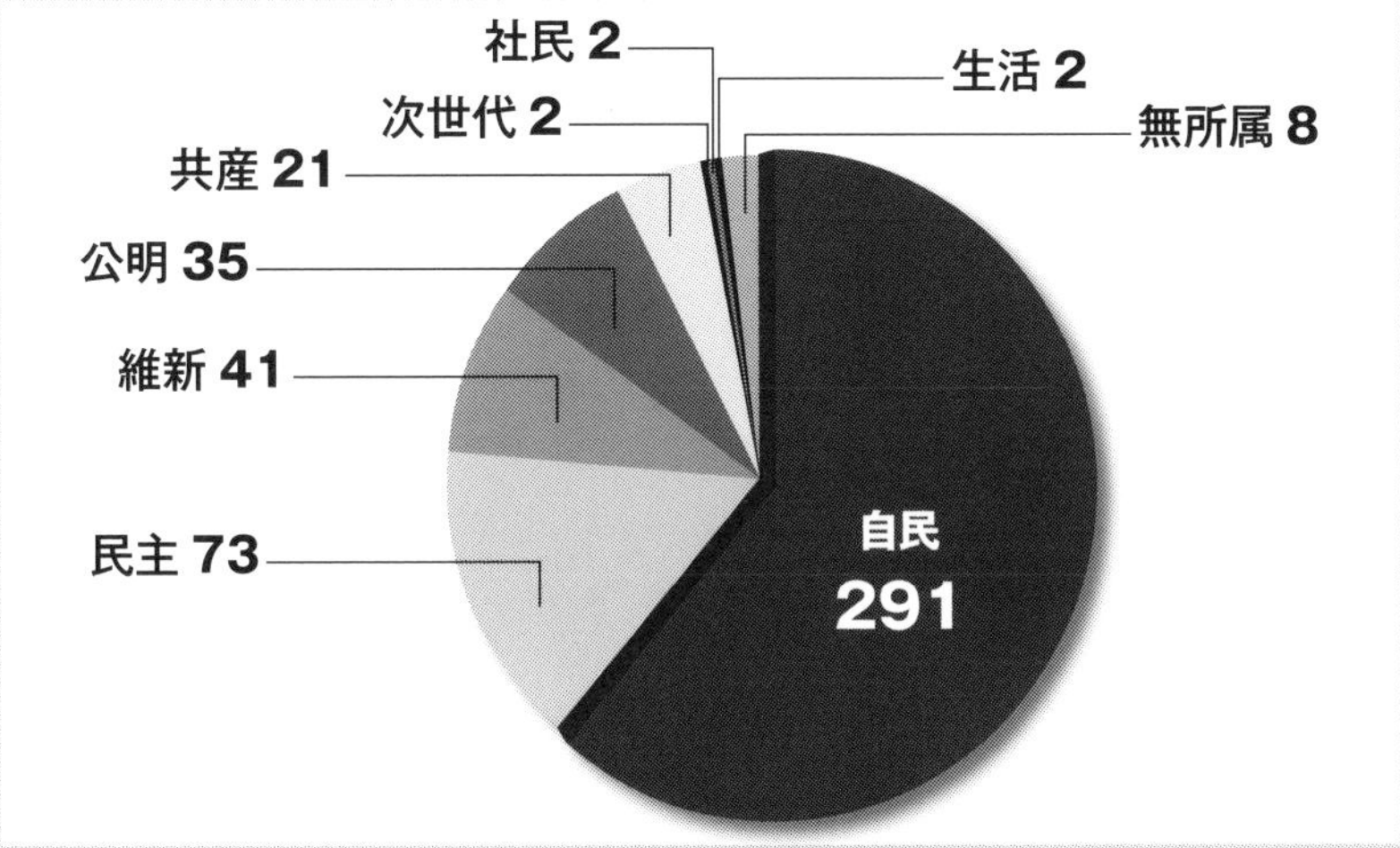

獲得議席数の前回比較

政党	前回(46回)	今回	
自民	294	291	↓
民主	57	73	↑
維新	54	41	↓
公明	31	35	↑
共産	8	21	↑
次世代	—	2	—
社民	2	2	→
生活(旧日本未来の党)	9	2	↓
無所属	5	8	↑

に導入された小選挙区制のもとでは、政治的に少数派の意見が国政に反映されにくく、小規模政党が当選しにくいという問題がある。

二大政党制であれば、政権交代も起こりやすいというメリットもあるが、アベノミクス選挙で、野党陣営は選挙準備が十分でなく、民主党、維新の党、次世代の党、日本共産党、生活の党、社民党などに分かれ、選挙協力も進まなかった。その結果として小選挙区では、大量の死票が生まれ、自民党は、得票率は48％どまりであるにもかかわらず、議席占有率は69％にも達したのである。

アベノミクスは、万能の薬ではなく、実力以上に評価されたのである。選挙結果では「圧勝」といえど、国民が「何をやってもよい」と判断したわけではないのだ。

憲法改正への布石？
消費税アップ延期に渦巻く思惑

消費増税の延期とアベノミクス選挙は、単なる政権運営上の戦術ではない。安倍首相は、政権を盤石なものとし、長期化を目指し、その先に、この国を「普通の国」へと改造すべく布石を打ったのだった。

すでに述べたように、増税は政治の鬼門である。特にすべての国民に影響を与える消費税は有権者の投票行動に大きく影響する。消費税に絡んで歴代政権は大きな打撃を受けてきた。

必ず与党が選挙で敗北する「消費税」という鬼門

消費税の先駆けとなる売上税の構想をぶち上げたのは、86年の中曽根康弘内閣だったが、翌年の地方統一選挙で与党、自民党は大敗。売上税関連法案は、あえなく廃案となった。

自民党はあきらめず、89年、竹下登内閣が消費税法を成立させ、翌年4月、税率3％で施行された。同年7月に実施された参院選では、さらに、リクルート問題や、竹下から交代した宇野宗佑首相の芸者スキャンダルの影響で自民党は大敗し、結党以来初めて参議院で追加公認を合わせても過半数に満たなかった。

94年2月3日には、非自民・非共産連立政権を与党とする細川護《もり》熙《ひろ》首相が消費税を廃止し、税率7％の国民福祉税構想を表明した。この時も政権内外からの反発を招き、翌日に撤回という醜態をさらし、これをきっかけに細川政権は求心力を失い、佐川急便グループからの借入金問題で立ち往生し、退陣を余儀なくされた。

97年、橋本龍太郎内閣が消費税率を3％から5％に引き上げたが、これによって日本経済は長いデフレ不況の扉を開けてしまった。翌年の参院選で与党、自民党は敗北し、橋本首相は退陣

これまでの消費税率引き上げの経緯

年月	内容	当時の首相
1988年(昭和63年)12月	消費税法成立	竹下　登
1989年(平成元年)　4月	消費税法を施行。税率3%に	竹下　登
1994年(平成 6年)11月	消費税率を3%から5%に引き上げることを明記した税制改革関連法が成立	村山富市
1997年(平成 9年)　4月	税率5%に	橋本龍太郎
2010年(平成22年)12月	「社会保障改革の推進について」が閣議決定	菅　直人
2012年(平成24年)　2月	「社会保障・税一体改革大綱」が閣議決定	野田佳彦
2012年(平成24年)　8月	消費税率を平成26年4月から8%に、さらに平成27年10月からは10%に引き上げることを明記した社会保障と税の一体改革関連法が成立	野田佳彦
2013年(平成25年)　3月	「消費税法施行令の一部を改正する政令」が公布	安倍晋三
2013年(平成25年)　3月	「平成26年4月1日以後に行われる資産の譲渡等に適用される消費税率等に関する経過措置の取扱いについて」が示される	安倍晋三
2013年(平成25年)10月	経済状況等を総合的に勘案し、翌年4月から消費税率を8%に引き上げることを正式決定	安倍晋三
2014年(平成26年)　4月	税率8%に	安倍晋三
2014年(平成26年)11月	安倍首相が消費増税を当初予定から18カ月後の2017年4月に行うと表明し、衆議院を解散	安倍晋三

した。

10年6月、民主党政権下で菅直人首相は、首相就任早々に消費税を10%に引き上げる構想を表明した。与党、民主党は直後の7月に行われた参院選で大敗し、国会はねじれ状態に陥った。

12年には、野田佳彦首相が14年に8%、15年に10%に引き上げる法案を提出し、三党合意を経て成立させた。11月に衆院が解散され、12月に行われた衆院選で民主党は敗れ、政権を安倍自民党に明け渡した。

14年4月に実施された5%から8%への消費増税の影響で、GDP（国内総生産）は、2四半期連続でマイナス成長に陥り、日本経済は深刻な打撃を受けた。

安倍首相が、三党合意での予定通り、15年10月に10%への消費増税を実施し、それまでに衆議院を解散しなかった場合、衆議院の任期満了は10カ月後の16年12月となる。消費増税の影響がジワジワと日本経済を侵食する中、追い込まれる形で解散を模索することとなる。与党にとって厳しい選挙となるだろう。

２０１７年、消費税10％――安倍政権はどうなる？

実際安倍首相は、消費増税を当初予定から18カ月後の17年4月に行うと表明し、衆議院を解散した。では、２０１７年４月に消費増税が実施された場合の選挙スケジュールはどうなるだろうか。

現在の衆議院の任期満了は、アベノミクス選挙の投開票が実施された14年12月の４年後の18年12月になる。10％への消費増税が実施される17年4月の18カ月後だ。先の仮定と比べると、消費増税から衆議院の任期満了までの期間は8カ月遅れ、その分、政権運営は楽になる。ならば、安倍首相は単に消費増税という問題を先送りしただけなのか、というとそうではないだろう。

自民党総裁の任期は3年で2期までと決まっている。安倍首相が自民党総裁に就任したのは、12年9月だから、任期満了は18年9月。それまでに安倍首相は、「憲法改正」に踏み込まなければならないと信じている。

憲法改正で「普通の国」となる覚悟が日本人にあるのか？

第1次安倍内閣時の07年1月、安倍首相は、内閣総理大臣施政方針演説で「戦後レジーム」からの脱却を宣言した。

わが国の体制は、戦後、ＧＨＱ占領下で作られた憲法を頂点として基本的な枠組みが決まった。安倍首相は、これに異を唱え、憲法改正を訴えている。

憲法改正については様々な議論があるが、最大の争点は、「戦争の放棄」「戦力の不保持」「交戦権の否認」を明記した9条の扱いだ。安倍首相は、13年7月、長崎国際テレビの番組インタビューで「われわれは（憲法）9条を改正し、その（自衛隊の）存在と役割を明記していく。これがむしろ正しい姿だろう」と述べている。

日本国憲法は、平和主義を旨としており、自衛隊はこれまで陰の存在だった。では、自衛隊が軍隊として明記され、「普通の国」のように世界中で作戦を展開するようになることを国民は本当に望んでいるのだろうか。

解散なしと解散後の場合の安倍政権の任期

2014年	消費増税を予定どおり施行、解散なし	11月、消費増税延期を争点に解散。 12月、衆院選で勝利	自公で3分の2超の326議席を獲得。
2015年	10月、税率10%に		
2016年	12月、衆議院任期満了、衆院選へ		2度の増税後の衆院選は厳しい戦いになることが予想。
2017年		4月、税率10%に	
2018年		9月、安倍首相の自民党総裁任期満了。 12月、衆議院任期満了	9月までに憲法改正へ?

IS日本人殺害事件で新局面を迎える

15年1月、「過激派組織IS＝イスラミックステート」は、日本人2人を拘束し、殺害した。ISは、声明で、日本政府がIS対策として2億ドルの拠出を表明したことについて「十字軍（米欧）に参加した」と非難していた。日本政府が拠出した2億ドルは難民支援などの「非軍事分野」だと強調したが、ISは、日本を「米欧諸国の一員」と見なし、犯行に踏み切った。まして、自衛隊を海外に派遣し、軍事行動に及べば、より大きなハレーションを引き起こすだろうことは想像に難くない。

憲法改正のためには、国民投票で過半数の承認を得なければならないが、安倍首相が声高に叫ぶ「戦後レジームからの脱却」に不安の声が根強いのも、また事実だ。

誰が票を入れてるの?

なぜ、安倍政権は高支持率なのか

昨年末の衆院選でも圧勝、軒並み高い支持率を得ている安倍政権。
しかし、さまざまな調査結果によると、
単に政策や実績が支持されての高支持率ではないらしいことがよくわかる。
有権者の複雑な心境を数字で見てみよう。

第2次安倍内閣は、発足以来、常に高い支持率を維持している。

内閣発足後初めて行われた13年1月のNHK「政治意識月例調査」によれば、安倍内閣を「支持する」と答えた人は64%、「支持しない」と答えた人は22%だった。前月の調査では野田佳彦内閣を「支持する」が20%、「支持しない」が64%だったのと対照的に安倍内閣は好スタートを切った。

その後も安倍内閣の支持率は高く、13年6月まで60%台を維持した。7月からは50%台を推移することが多くなったが、それでも「支持する」が「支持しない」をダブルスコア以上で上回ることが多かった。

14年に入っても、内閣支持率は堅調に推移した。集団的自衛権行使容認の閣議決定をした7月、女性2閣僚が相次いで辞任した後の11月、12月は40%台に落ち込んだが、アベノミクス選挙後の15年1月には50%に回復した。政党支持率を見ると、トップは39・4%の自民党で、2位の民主党は9・2%と自民党の4分の1以下だった。

これまでに見てきたように、安倍内閣は完全無欠ではなく、不満の声も少なくない。では、誰が安倍内閣を支持しているのだろうか。安倍内閣高支持率の謎を掘り下げてみたい。

時事通信社が15年1月に実施した世論調査によれば、支持率は前月比1・8ポイント増の47・2%。不支持率は1・6ポイント減の33・3%。

時事通信の調査では、それ以外にも様々な質問項目があり、アベノミクスによる景気回復については「実感がない」が84・9%だったのに対し、「実感がある」は10・2%にとどまった。実質賃金が伸びていないことを多くの

政権交代が可能な野党が必要か

（2015年1月24・25日 産経新聞・FNN合同世論調査より）

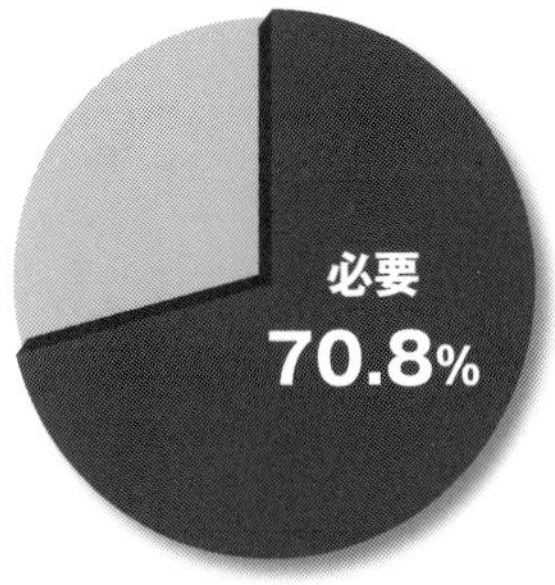

安倍内閣の支持率推移

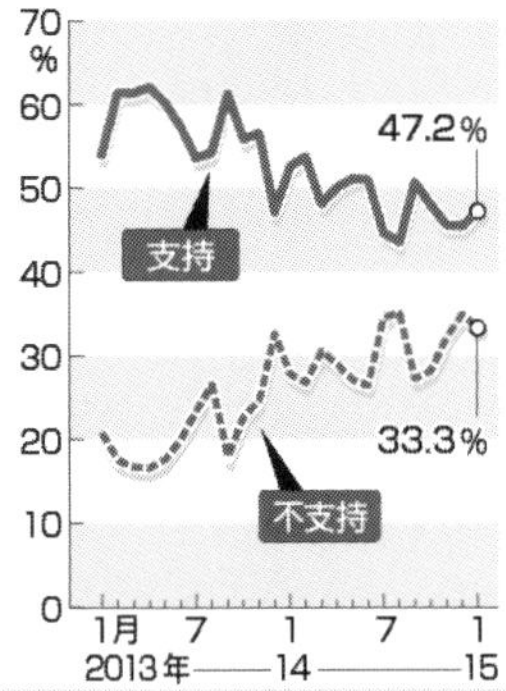

国民が不満に思っている。

「内閣を支持する理由」トップは「他に適当な人がいないから」

では、なぜ安倍内閣支持者が多いのか。内閣を支持する理由（複数回答）では、「他に適当な人がいない」が20・1％でトップで、それ以外は「リーダーシップがある」は13・6％、「首相を信頼する」は11・3％だった。

一方、最大野党の民主党は、15年1月18日の代表選挙で、岡田克也氏が9年ぶりに代表に返り咲いたが、評価は高くない。

同年1月24、25日に実施された産経新聞社とＦＮＮの合同世論調査によれば、民主党の岡田克也代表に「期待しない」が56・8％となり、不人気ぶりを露呈した。民主党支持率も前回調査から0・2ポイント減の11・2％と低迷している。

だが、「政権交代が可能な野党が必要か」という質問には70・8％が「必要」と答え、野党再編については57・7％が「期待する」と回答した。

世論調査の結果を総合すると、安倍首相は、他に有力な候補がいないという消極的な理由で支持されているに過ぎない。

国民は、自民党1強という構図に不満を抱きながらも、その受け皿として野党に期待していない。迷走の3年間となった民主党政権は、まだ忘れられていない。一方、野党再編も進んでおらず、与党に対抗できる勢力はまだ現れていない。

事実上、政権担当能力があるのは自民党しかなく、自民党の中でも安倍首相の対抗馬はいない、というのが現状における国民の本音だ。

日本の未来を大きく変えた？邦人人質事件が安倍政権に与えた影響とは

日本人なら忘れたくとも忘れられない、過激派組織IS＝イスラミックステート（以下、IS）の湯川遥菜さん・後藤健二さんの2邦人殺害事件。この事件をきっかけに、安倍政権の憲法改正への動きがいっきに具体化してきた。

そもそも超タカ派な安倍政権だけに、15年1月に起こった〝邦人人質事件〟以降の対応をめぐって、「改憲と自衛隊の海外派遣を狙っているのでは」という見方が広がっている。

2月2日付のニューヨーク・タイムズ紙では、安倍首相がISに対して「罪を償わせる」と発言したことに対し、「日本では異例だ」と報じ、さらに4日には、「日本人の人質2人の死を「政争の具にしようとする闘いが始まった」とすら断じている。

では、どういった「政争」がそこでは行われているのか。

後藤さん殺害が判明した2月1日の2日後の参院予算委員会で、安倍首相は、邦人人質事件を踏まえた上で、「わが党はすでに憲法9条の改正を示している。なぜ改正するかと言えば、国民の生命と財産を守る任務をまっとうするためだ」

と、憲法改正への意欲を示し、さらに4日には、安倍首相は官邸で自民党の船田元・憲法改正推進本部長と会談し、憲法改正の具体的な時期まで打ち出した。

その時期とは。船田氏は、「議論の進み具合を考えての参院選後」と提示、これを安倍首相は「それが常識だろう」と受けた。つまり、16年夏に参院選が予定されているので、それ以降。そこまで具体的かつ早急に、憲法を改正したいと、並々ならぬ意欲を打ち出しているのだ。

後藤健二さんと湯川遥菜さんの「追悼集会」で、ともされたろうそくの前に集まる人たち。
（2月8日、JR渋谷駅前）

邦人人質事件以降、安倍政権の支持率が上昇

こうした首相周辺の動きに対し、国民世論はどう迎えているのか。邦人人質事件直後の素早い対応だったこともあり、2月7日付の読売新聞調べの内閣支持率は58％で、前回調査（1月9～11日）の53％から5％上昇、人質事件の対応への指示も、55％が「適切だった」で、「そうは思わない」の53％を上回り、好意的に受け入れられているというのが現状だろう。

一方で、憲法改正最大のネックである9条を骨抜きにする、集団的自衛権の行使容認の法制化も着々と進んでいる。

安倍首相は2月3日に自民党の鳩山邦夫・元総務大臣主催の会合に出席し、やはり人質事件を受けて、

「日本は変わった。日本人にはこれから先、指一本触れさせない」

と発言、安倍首相が官邸で記者団を前に、「(テロリストたちに) 罪を償わせる」と発言したこととあわせ、様々な波紋を広げた。発言から当然浮かんでくるのは、「では、具体的にどんな方策があるのか?」という疑問で、その中身から引き出される結論は、「テロリストに対する直接的武力行使」と考えるのが自然だろう。

安倍政権の強気な態度がISに喧嘩を売る結果に?

安倍首相の元来の政治的テーマが、第1次安倍政権で掲げた「戦後レジームからの脱却」による「普通の国」になること。自主憲法の制定であり、そこに当然含まれる憲法9条改正だ。そしてその布石として昨年7月に行われたのが、憲法9条の従来の解釈を大きく超える「集団的自衛権」行使容認の閣議決定だ。

そして、歴史的大勝に終わった14年末の衆院選で権力基盤を固め、今国会では法制化が着々と進められている。

自公両党は、2月13日に閣議決定を法制化する与党協議を開始し、3月に法案のとりまとめを行い、5月の連休明けの法案提出に向けて動き出した。

しかし現時点では、安倍政権はISに対する有志連合への人道的支援として2億ドルを拠出、支持を示しているが、自衛隊の派遣は現実的には考えにくい。そもそもが軍事支援に誘われていないし、集団的自衛権行使の要件は厳格に定められているので、ISの横暴ぶりが要件にあるところの「我が国の存立が脅かされる」かと言えば、そこまで拡大解釈できないのが通常だ。

だが、アメリカ政府が示したところの有志連合国には、軍事支援のみならず、人道支援国も有志連合に含まれているので、戦争への関与の度合いはともかく、ISにしてみれば、日本は敵性国家の一部とも言える。

また、いくら政府が「あくまで人道支援」と説明しようが、安倍首相がIS相手に行った様々な強気な発言や、憲法改正と集団的自衛権行使の法制化とこれに関する政府周辺の動きは、インターネットを駆使するISには手に取るように伝わっており、いくら安倍首相が国内的に「普通の国」への政策理念を訴えたところで、IS側にとっては「さらなる敵性国家化」に映ったとしておかしくない。

そもそもが、湯川さん後藤さんの邦人2人が拘束中で、水面下で交渉が行われている最中だった1月17日に、安倍首相が中東を外交訪問し、対ISでの人道支援で2億ドルの支援を行うという演説を大々的に行ったことにより、拘束から殺害事件へとＩＳの態度を硬化させたとの見方もある。ニュース報道でお馴染みとなったＩＳ構成員のジハーディ・ジョンが、日本の首相に２億ドルの身代金要求をしたのはこの演説から２日後のことだった。

邦人人質事件で あらわになった安倍政権の本質

もちろん、ＩＳのような非人道的な組織に毅然として対応することは必要だ。だが、国際政治・外交は、政治的な「正しさ」よりも、タイミングや余計な波風を立たせない、「大人の振る舞い」が必要とされる。中東訪問のタイミングから、人質事件への対応と発言、その後の改憲・集団的自衛権法制化への一連の動きは、果たして時宜に適ったものだったのかが問われることは必要だ。

本来であれば、14年末のアベノミクス選挙で与党が後の国会、しかも予算策定の時期の国会なので経済政策が全面に押し出されるはずだったのが、人質事件以後、憲法改正と集団的自衛権行使の法制化の議論が活発化している。

前述したように、内閣支持率も上向いた。人質事件以後、憲法改正を目論む安倍政権に追い風が吹いていることは間違いない。

邦人人質事件の経過
（共同通信社）

2014年	7月28日	湯川遥菜さんがトルコから陸路でシリア入国
	8月14日	シリア北部で湯川さんが拘束。その後、過激派組織「イスラム国」が犯行声明
	10月25日	後藤健二さんがシリア北部ラッカへ出発。その後消息絶つ
2015年	1月17日	安倍晋三首相、イスラム国対策で2億ドルの人道支援表明
	1月20日	イスラム国が２人の殺害を予告、2億ドルを要求する声明
	1月24日	湯川さんが殺害されたとする画像声明。身代金要求を取り下げ、ヨルダンで監修中の死刑囚釈放を要求
	1月27日	後藤さんの画像声明。24時間以内の身柄交換を要求
	1月29日	死刑囚を日没までにトルコ国境に移送しなければ、拘束しているヨルダン人パイロットを殺害すると声明
	1月31日	後藤さんが殺害されたとみられる映像
	2月3日	パイロットを殺害したとする映像
	2月4日	ヨルダンが死刑囚の刑執行
	2月5日	ヨルダン軍が報復空爆
	2月12日	イスラム国が機関誌で「日本政府に恥をかかせるのが目的だった」と表明

※日付は現地時間

ピケティも警鐘を鳴らすアベノミクスとは何だったのか

「アベノミクス」で株価は上がったし、円安も進んだ。なのに、どうしてわれわれの懐は暖かくならないのだろうか。結局、儲かったのは、富裕層や大企業だけなのだ。庶民は得をしないアベノミクスのカラクリを暴く！

12年12月に発足した第2次安倍内閣が好スタートを切ったのは、「アベノミクス」と呼ばれる経済政策が好感を持たれたことが大きい。

アベノミクスでは、「大胆な金融政策」「機動的な財政政策」「民間投資を喚起する成長戦略」の「3本の矢」を基本方針としている。そして、世界にアベノミクスを知らしめたのが第1の矢である「大胆な金融政策」だった。

安倍首相の経済政策に大きく影響を与えた「リフレ派」と呼ばれる経済学者の考えによれば、バブル崩壊以降の日本経済の低迷は長期のデフレに原因があり、インフレを起こし、デフレを脱却すべきだとする。

物価が下がる見通しでは、モノは後で買った方が値段が下がるので、人々は消費より貯蓄を選ぶ。それによってお金のめぐりが悪くなると、景気は悪化する。一方、物価が上がる見通しでは、モノは早く買わないと値段が上がるから、人々は貯蓄より消費を選ぶ。それによってお金のめぐりが良くなると、景気が上向く。アベノミクスでは、2％のインフレを目標としている。

市中に出回るお金を2倍にして株高・円安を演出

では、どうすればインフレは起こせるのか。本来、中央銀行は市中銀行にお金を貸し出す金利（政策金利）を上下し、世の中に出回るお金の量を調節するが、深刻なデフレ下では政策金利をゼロにしても効果が出なくなる。

そこで、中央銀行がお金を刷って、

安倍政権下での主な経済指標の変化（共同通信社）

	政権発足時	直近※	
日経平均株価	1万0230円	1万7663円	↑
為替（1ドル＝円）	85円	118円	↓
雇用者数	5490万人	5629万人	↑
有効求人倍率	0.83倍	1.10倍	↑
消費者物価指数	▲0.2%	2.9%	↑
実質賃金	▲1.6%	▲2.8%	↓
消費支出	▲0.7%	▲4.0%	↓
実質国内総生産（GDP）	516兆円	523兆円	↑
貿易収支	5723億円の赤字	7666億円の赤字	↓

※株価と為替は政権発足時（2012年12月26日）と衆院選公示日（2014年12月2日）。国内総生産は2012年10～12月期と2014年7～9月期の年率換算。その他の指標は2012年12月と2014年10月。消費者物価、実質賃金、消費支出は前年同月比増減率、▲はマイナス、↑は上昇または改善、↓は低下または悪化。

株価や雇用、国内総生産は増えているものの、実質賃金は下がり、消費支出も下がっている。一方、消費者物価指数は上がっている。この数字からは、一般家庭にアベノミクスの恩恵が浸透しているとは言えない。

銀行などの金融機関から国債などを買い付け、市中に資金を供給する「量的金融緩和」と呼ばれる金融政策がある。量的金融緩和自体は、01年以降から行われてきたが、アベノミクスでは「無制限の量的緩和」を打ち出した。

13年３月、安倍首相は日銀総裁を自分の考えに近い黒《くろ》田《だ》東《はる》彦《ひこ》氏に代え、翌月の日本銀行金融政策決定会合で資金供給量を２年間で２倍に拡大することが決定した。この日銀の政策は「異次元の金融緩和」と呼ばれている。

13年３月、１３４兆７４１３億円だったマネタリーベース（現金通貨と民間金融機関が保有する中央銀行預け金）は、14年12月に２倍弱の２６７兆４０１６億円にまで膨らんだ。市中にお金が出回れば、その分、モノの値段が高騰するが、特に効果が現れやすいのが株価だ。そして、海外と比べて日本のお金が水増しされることで円安になる。

株価は12年11月の衆院解散時ごろからアベノミクスが話題になって上がり始めた。解散日の11月16日の日経平均株価終値は９０２４円だったが、14年12月には１万８０００円を突破した。為替は、12年11月16日に81円程度だったのが、株価と連動して円安に振れ、14年12月には１２１円まで円安が進行した。

株高・円安は、富裕層・大企業が得しただけ？

株高は好景気の象徴だし、輸出の障害となる円高が是正されることは日本経済にとって望ましいことだといえよう。その他の経済指標も概ね好調で、解散を表明した14年11月18日の記者会見で安倍首相は「政権発足以来、雇用は１００万人以上増えました。今や、有効求人倍率は、22年ぶりの高水準です。この春、平均２％以上、給料がアップしました。過去15年間で最高です」と胸を張った。

だが、アベノミクスの成果については、異論も少なくない。アベノミクスに対する批判の主たるものは、格差拡大を問題視するものだ。

アベノミクスは株高を生み出した。だが、株高によって直接、恩恵を得られたのは、富裕層に限られる。また、円安で利益を得られるのはトヨタなどの製造業であり、大企業だ。

一方、中小企業の多い非製造業は円安の進行により原材料・エネルギーコストの高騰に苦しんでいる。帝国データバンクの調べによれば、14年の「円安倒産」は３４５件で前年（１３０件）の２・７倍に急増したという。

法人税減税をしても景気は良くならない理由

また、アベノミクス第１の矢の欠点を埋め合わせるはずの第２の矢「機動的な財政政策」は、労働者の不足などにより公共事業の進捗が芳しくない。

そして、今後、本格的な実行段階に入ってくる第３の矢「民間投資を喚起する成長戦略」がさらに格差を拡大する可能性がある。

安倍政権が掲げる「成長戦略」の本丸は、法人税改革だ。政府の方針によれば、現在、34・62％の法人実効税率を、段階を経て20％台にするという。諸外国と比べると日本の法人税は高く、企業が海外に逃げてしまう、というのがその理由だが、結局、企業だけを優遇することになる。

14年７月に帝国データバンクが発表した「法人税減税に対する企業の意識

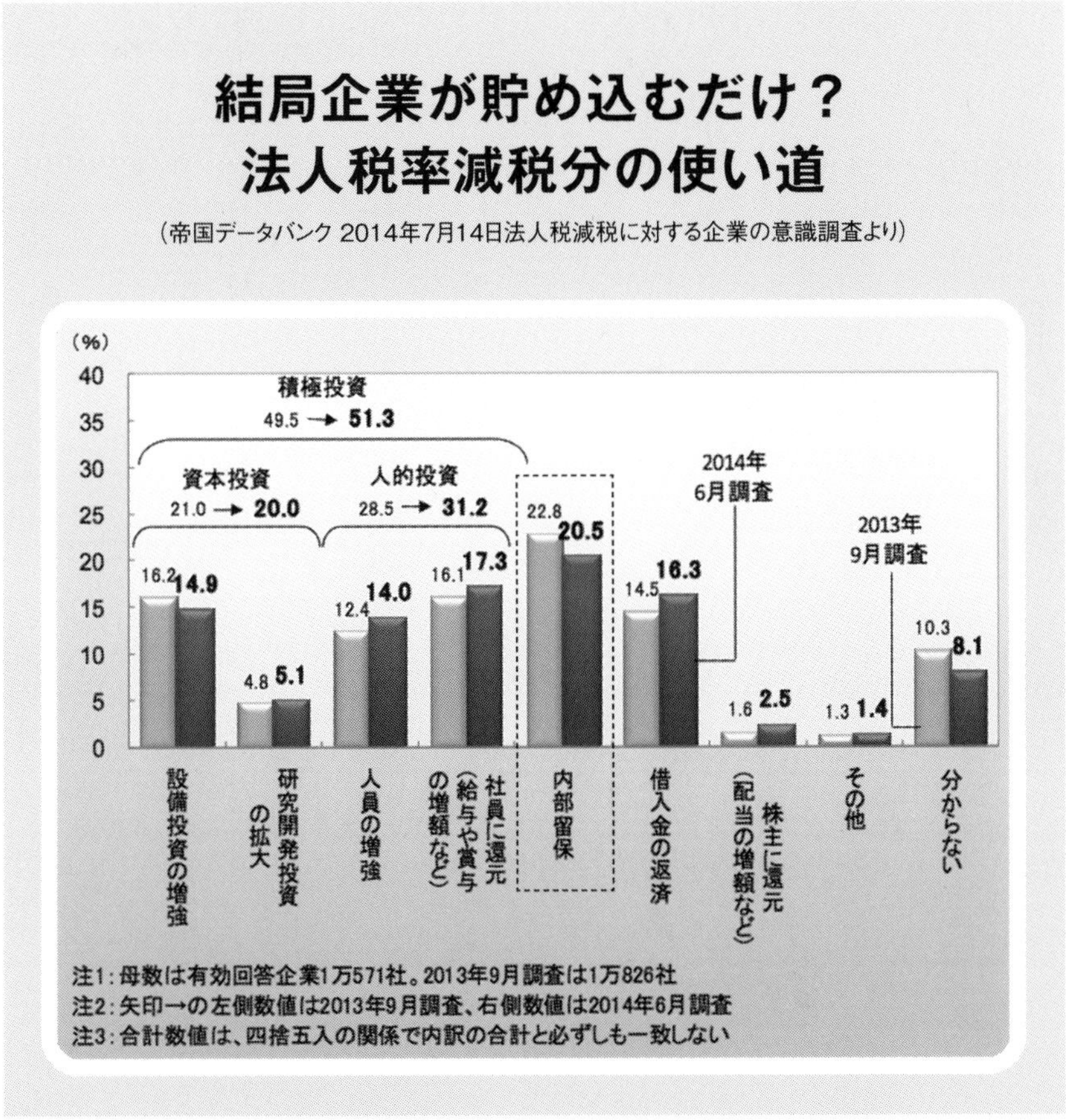

前向きな投資に使う企業が合計で51.3％に上がったが、内部留保が2割を超える。

調査」によれば、法人税の実効税率が20％台まで引き下げられた場合の使い道としてトップに挙がったのが「内部留保」（20・5％）だった。当然、企業が内部留保をいくら貯め込んでも景気が良くなることはない。

今、世界の経済学の潮流は、経済的不平等の克服というテーマに向かっている。世界的にベストセラーとなった、フランスの経済学者、トマ・ピケティの『21世紀の資本』は、資本主義の下では必然的に格差が拡大するとした上で世界的な富裕税導入を提案している。

安倍政権は、それとは真逆の新自由主義路線を突き進んでいるかのようにも見える。アベノミクスの成功で景気が良くなったとしても、富が公平に分配されなければ、庶民の不満は高まることになる。

景気がいいのになぜ実感がわかないのか?

数字で検証するアベノミクス

アベノミクスの成果は、実際のところどうなのか。安倍政権が表に出さないデータから、「本当に景気は良くなっているのか」を検証してみよう。

15年ぶり高値を記録した14年末の株価の終値。

「政権発足以来、雇用は100万人以上増えました。今や、有効求人倍率は、22年ぶりの高水準です。この春、平均2%以上、給料がアップしました。過去15年間で最高です」

14年末、衆議院の解散に際し、安倍首相が述べた言葉だ。実際の経済指標に基づいて、これを検討してみよう。

第2次安倍内閣が発足した12年平均の完全失業率は4・3%だったが、その後、アベノミクス効果が表れたのか、13年平均は4・0%となり、同年1月には3・7%に。これを受け、同年3月、黒田東彦日銀総裁は「構造失業率は3%台半ばといわれるので現在の失業率3・7%は完全雇用に極めて近い」と述べた。完全失業率の低下はさらに続き、同年11月には3・5%となった。

雇用者数を見ると、安倍政権発足時の12年12月は5490万人だったの

首相官邸ホームページによると…

（2014年11月26日時点）

実質GDP
累計＋2.9％成長
（2014年1-6月期／2012年7-12月期）

業況判断DI
2013年12月より連続プラスを維持
（2014年9月　4ポイント）

株価
1年11カ月で＋65％
（2014年11月4日 日経平均）

NISA
総買付額1.6兆円の市場に成長
（2014年6月末）

有効求人倍率
高水準を維持
（2014年9月　1.09倍）

就業者数
21カ月連続増
（2014年9月　6402万人）

賃金引上げ
平均月額：過去15年で最高水準
夏期賞与：過去24年で最高水準

消費支出
6年ぶりに増加率1％超え
（2013年実質消費支出　総世帯1.1％）

女性就業数
政権発足後、75万人増加
（2014年9月　2735万人）

外国人訪日客数
2014年1月−10月　1100万9千人
（年間過去最高：1036万人）

続々、成果開花中？

が、12年11月には５６３７万人となり、１４７万人増加した。

経済環境の好転とともに自殺者数も減少している。12年の年間自殺者数は２万７８５８人だったが、14年は２万５３７４人となり、２４８４人減少した。

「景気がいい」と言われるのに実感が伴わない理由は？

これらの数値から判断すると、アベノミクスは成功しているようにも見える。だが、「給料アップ」を強調した安倍首相の言葉は欺瞞だ。

第２次安倍内閣が発足する前月の12年11月の５人以上の事業所での現金給与総額は、27万５２５０円だったが、14年11月は27万７１５２円となり、１９０２円増加した。

だが、これは名目賃金の話だ。賃金

正社員は増えず、非正規社員が増えている!

（総務省統計局「労働力調査」より作成）

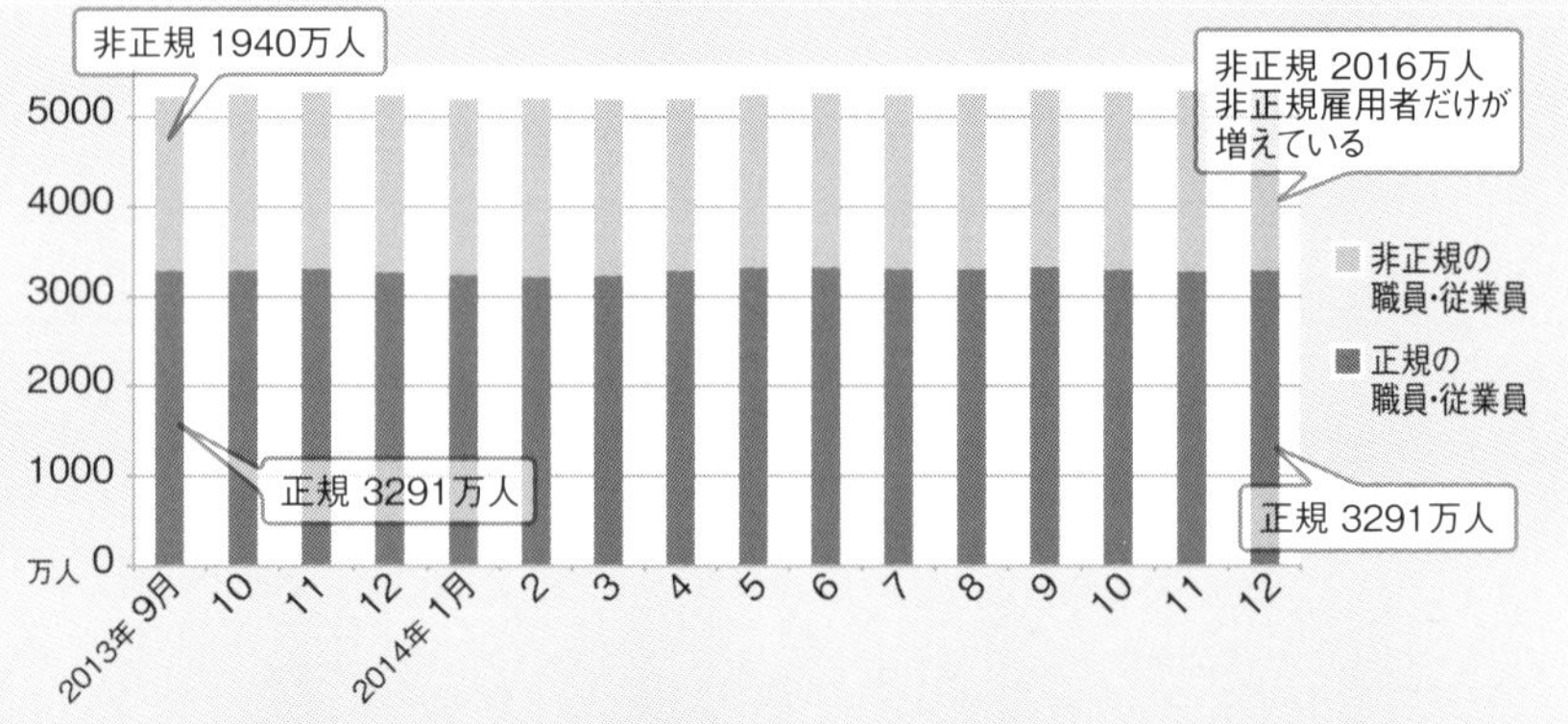

賃金指数（名目賃金）は増えているが…

（厚生労働省「毎月勤労統計調査」より作成）

から物価の伸びを差し引いた実質賃金指数を見ると、13年は前年比0・5％マイナス。直近のデータを見ると、14年9月は3・0％マイナス、同年10月は3・0％マイナス、同年11月は2・7％マイナスとなっている。

消費増税のせいにして野党を煙に巻く

これについて「暮らしは良くなっていない」という野党からのアベノミクス批判に対し、安倍首相は「消費税率を8％に引き上げた影響であり、アベノミクスは着実に成果を上げている」と反論している。

だが、実質賃金指数の前年比マイナスは、5％から8％への消費増税があった14年4月以前から起きており、13年7月以降、17カ月連続で前年比マイナスとなっている。

実は実質賃金指数は減り続けている!

（厚生労働省「毎月勤労統計調査」より作成）

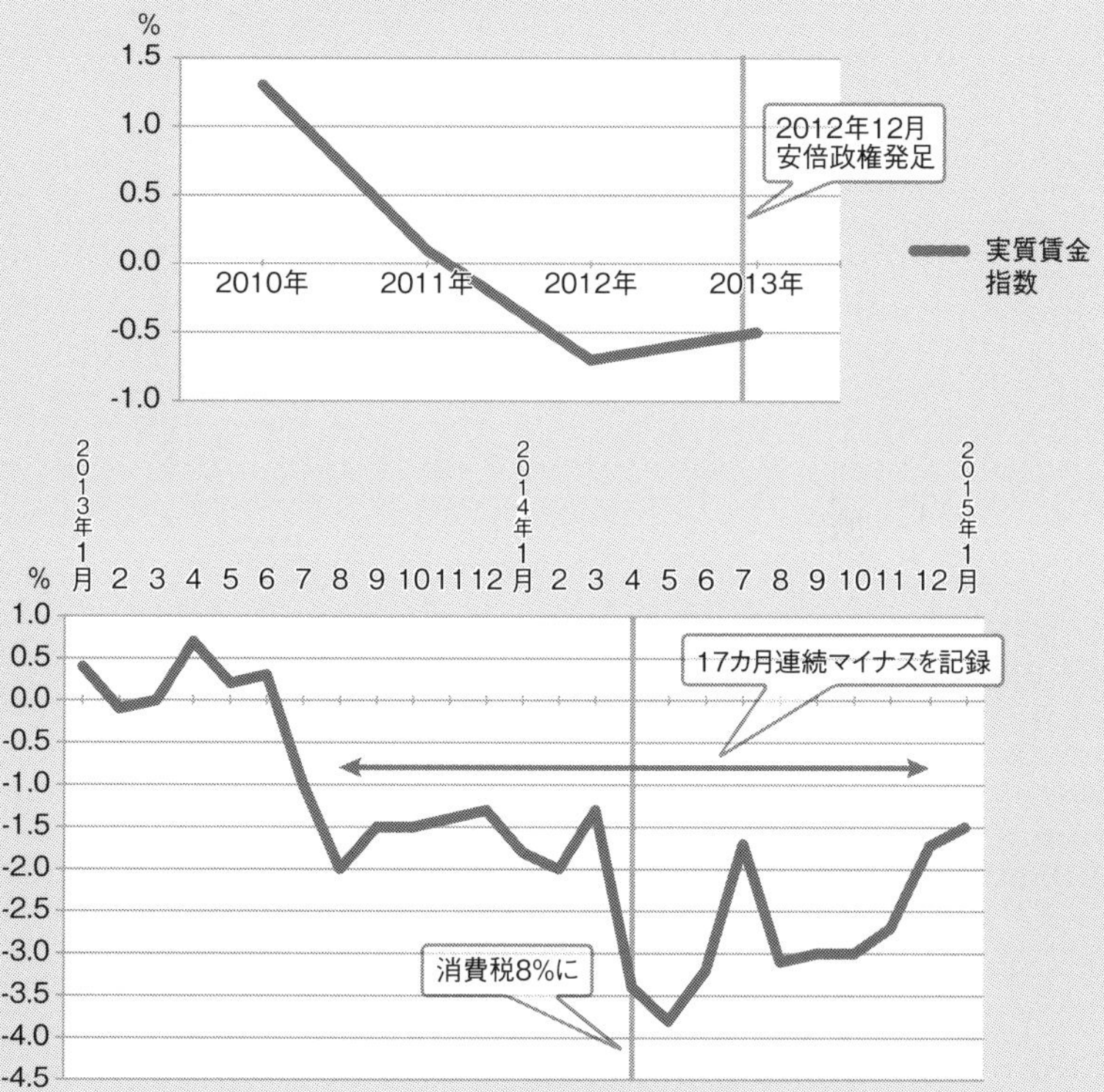

実質賃金指数は、名目賃金指数を消費者物価指数（持家の帰属家賃を除く総合）で除して算出したもので、実際の購買力を表した数値である。

これは消費増税で説明できるものではない。アベノミクスによって引き起こされた円安が輸入物価を押し上げた影響があると考えられる。

また、アベノミクスが目標としている2%のインフレも成果が上がっていない。日銀が試算した消費税増税による物価の押し上げ要因（2%）を除いた消費者物価指数（価格変動の大きい生鮮食品を除く）は、14年8月が前年比1・1%増、同年9月が前年比1・0%増、同年10月が0・9%増、同年11月が0・7%増となっており、尻すぼみしつつある。

インフレは目標を大きく下回り、景気波及効果は期待されたほどではない。また、物価の上昇に賃金が追いついていないため、多くの庶民にとって、アベノミクス景気は実感の伴わないものとなっている。

重要法案が次々と決定

知らなかったでは済まされない!

安倍政権はあらゆる意味で「国を強くする」ことを第一に考えていると言っていいだろう。「集団的自衛権の行使容認」や「特定秘密保護法」といった国防上極めて重要な法制が着々と整備されており、さらには憲法9条改正も視野に入っている。経済面は、経済成長ありきの新自由主義。経済成長優先、企業優遇の政策を推進している一方で、社会保障は手薄な感が否めない。

全体的に安倍政権の政策は、「国を強くする」という面では理屈的にブレがないとも言えるが、このまま行けば競争が激化して格差が拡大し、弱者が切り捨てられる弱肉強食の社会になるのではないか、という懸念もある。

日本はこれからいったいどんな国になるのか。戦後70年、安倍政権下で日本の「かたち」が大きく変わろうとしている。

を検証する

参院予算委の集団的自衛権の行使容認をめぐる集中審議で答弁する安倍首相（2014年7月15日）

第2章
安倍政権の政策

［経済］

こっそりおさらい いまさら聞けないアベノミクスの仕組み

安倍政権の代名詞となっている「アベノミクス」だが、
今では様々な意味で使われるようになり、何が本当のアベノミクスなのか分からなくなってきた。本当のアベノミクスとは何なのか。

アベノミクスは「3本の矢」で構成されている。第1の矢が「大胆な金融緩和」、第2の矢が「機動的な財政政策」、第3の矢が「民間投資を喚起する成長戦略」。調子に乗って「第4の矢」も登場している。かつて安倍首相は、東京五輪が「ある意味で第4の矢」と述べており、甘《あま》利《り》明《あきら》経済財政担当相は、「財政健全化」を第4の矢と位置付けている。**財政再建により年金など将来展望が明るくなり、景気回復につながるという理屈だ。**これに沿って、消費増税もアベノミクスに組み入れてしまった。

そもそもアベノミクスは、小泉政権下で竹中平蔵氏や中川秀直代議士らが提唱した「上げ潮」政策をルーツとする。上げ潮政策を推進してきた中川氏が06年10月2日、国会で初めて「アベノミクス」という言葉を使った。これがアベノミクスの誕生日となった。

このアベノミクスだが、一言で言ってしまえば、**「日銀がお金をたくさんばら撒いて、インフレにして景気を良くしよう」**というもの。これは「リフレ政策」という経済政策。日本語ではリフレを「通貨膨張」と訳しており、つまりはインフレとほぼ同義語だ。デフレを解消するためにインフレを起こす、これがアベノミクスの基本となる。

そこで必要なのが第1の矢・金融政策。デフレとは、モノの値段が下がり続けること。市場経済は、「カネ」と「モノ」を交換することで成り立っている。モノの価値が下がれば、相対的にカネの価値が上がる。これがデフレ。お金の価値が上がるのなら、使わずに持っていた方がトク。その結果さらにモノが売れなくなり、モノの需要が下がってデフレが進む。

そこで、政策的にインフレを起こす

これがアベノミクスの筋書き

日銀がお金を刷り、各銀行に流す（銀行が保有する国債を日銀が買い取ることで、資金を銀行に与える）
← **第1の矢 大胆な金融政策**

↓

銀行が企業に融資をしやすくなるため、融資を受ける企業が増える、投資が増える

↓

公共事業を増やす
← **第2の矢 機動的な財政政策**

↓

仕事が増えるため、企業が銀行から融資を受けて事業を行う、さらに投資が増える

↓

規制緩和を行う（法人税率の引き下げ、国家戦略特区の制定、残業代ゼロ政策、外国人労働者の受け入れ等）
← **第3の矢 民間投資を喚起する成長戦略**

↓

持続的な経済成長（国内総生産3%）

↓

東京オリンピック誘致
← **第4の矢**

↓

オリンピック特需でさらに景気が好転

ことで、デフレを解消させるというのが第1の矢なのである。**カネの価値を下げるためにカネの量を増やす――つまり日銀が〝お札を刷る〟わけだ。**

正確に言えば、日銀当座預金の残高を増やす。そして、その資金を銀行に流す。銀行が保有する国債を日銀が買い取ることで、資金を銀行に与える。結果、銀行はたくさんの資金を抱えることになる。銀行は、資金を持っているだけではもったいないので、企業に貸し出そうとする。これによって企業活動が活発化し、景気が回復する。景気が活発化すれば、モノが売れるようになり、デフレからインフレに転ずるという作戦である。

ただ、これが有効か否かは侃々諤々の議論がなされた。結論はアベノミクスの推移を見るしかないが、アベノミクスの指南役と称され、内閣官房参与に起用された浜田宏一《こういち》イエール大学名誉教授は、「トービンのq」に着目している。インフレ予想が高まると、「トービンのq」が上昇し、投資が増加するという投資理論だ。詳しい説明は省くが、マネーを増やせば、投資が活発になる、つまりマネーの量で経済が活性化することを解き明かしたものだ。**「トリクルダウン理論」**も話題になった。アベノミクスでは、まず円安で大企業の業績が好転し、続けて大企業の下請けである中小企業の業績が上昇し、その結果、庶民の給料が上がるという。

第2の矢・**財政政策は、つまりは政府の公共事業。**金融を緩和しただけでは企業はなかなかお金を借りない。そこで、企業の背中を押す形で政府が公共事業という仕事を与える。仕事があれば、企業は資金が必要となり、銀行融資を求める。これを起爆剤として企業投資が活発化し、デフレ脱却、景気回復をさらに推進させるというわけだ。

そして、第3の矢・成長戦略。この戦略を担っているのが、政府の「経済財政諮問会議」と「日本経済再生本部」だが、具体的な施策は「産業競争力会議」と「規制改革会議」で協議している。**何をするかというと、つまりは規制緩和だ。**規制を緩和することで、民間が独自の新たな事業を起業しやすくする。それによって新たな「イノベーション」を企業に促す。

第1の矢は、円安と株高という具体的な効果を上げた。が、第2、第3の矢の成果はよく見えない。浜田参与などは、「財政出動はしない方がいい」とも言う。規制緩和も「岩盤規制」を崩せないでいる。そもそもこうした規制緩和は、25年前から政府が取り組んでいるが、一向に進まなかった分野である。

トリクルダウン理論とは?

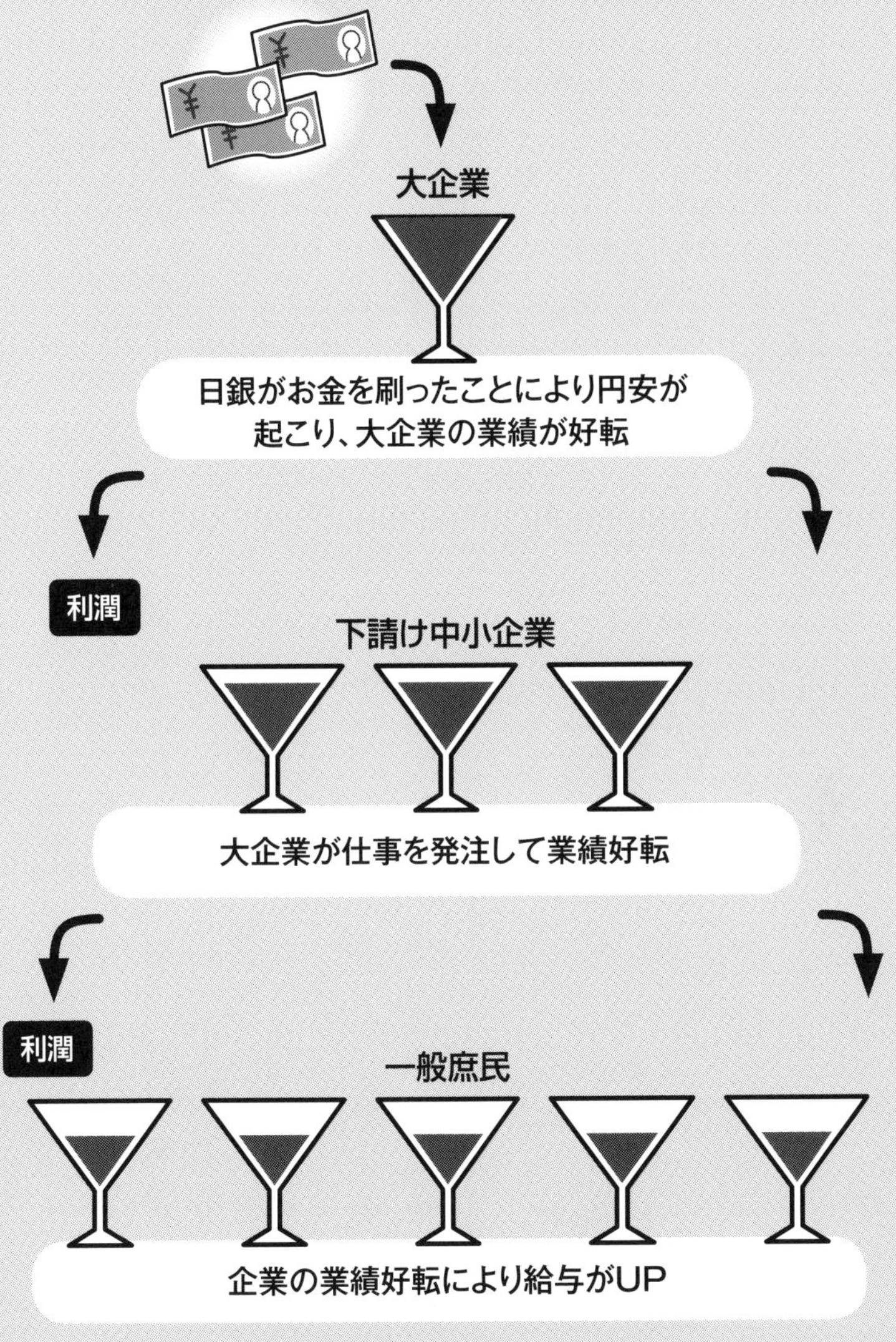
大企業
日銀がお金を刷ったことにより円安が起こり、大企業の業績が好転
利潤
下請け中小企業
大企業が仕事を発注して業績好転
利潤
一般庶民
企業の業績好転により給与がUP

トリクルダウンとは、「徐々にあふれ落ちる」という意味で、「大企業・富裕層を支援する政策を行えば、経済活動が活性化して富が低所得層まで行きわたる」という理論。

［外交］

米・中・韓も対応に困る面倒な存在 こじらせ安倍外交の現在

第2次安倍政権の誕生で、対東アジアの外交・安全保障は
ややこしい状況になってしまった。これには米国も懸念を示した。
国際政治の中で安倍首相は、面倒な存在感を示している。

安倍政権は従来通り親米のスタンスだが、米国側が安倍首相に不信感を抱いている。特に、歴史認識の見直しに懸念を示している。その政治姿勢が中国や韓国を刺激し、東アジアが不安定化しかねないという見方だ。

韓中との関係をこじらせたのは13年末の靖国参拝だった。中韓はこれを非難し、米国も「失望した」との見解を表明。米国は日米韓で中国をけん制するのが基本姿勢。なのに日韓関係がこじれ、加えて中韓が接近。韓国の朴《パク》槿《ク》恵《ネ》大統領と中国の習近平《しゅうきんぺい》国家主席は両国を訪問し合う。この流れを作ったのは安倍首相だと米国は見るだろう。

中国も安倍首相には手を焼いている。14年11月に初の日中首脳会談が行われたが、習主席は無表情のまま握手し、日本に対する姿勢を示した。が、中国は日本との関係悪化を望んでいるわけではない。経済活動での協力、連携は当然必要だからだ。しかし、国内の反日感情を勘案すれば、安倍首相と友好関係を強める姿勢は取れない。中国も、安倍首相には迷惑しているはずだ。

米中韓との関係が歪む中、ロシアとの関係は良好だ。プーチン大統領とは5回の首脳会談を実施している。安倍首相がロシアとの関係強化に熱心なのは、北方領土問題もあるが、ロシアからのエネルギー輸入が大きい。日本企業にとってロシアは、エネルギー開発や環境、医療、農業などビジネスチャンスが多数ある新市場でもある。

その中でウクライナ問題が勃発。これに西側先進国は反発し、ロシアへの経済制裁を決定。日本も参加したが、14年10月7日のプーチン大統領の誕生日に安倍首相は電話会談を行い、関係維持の姿勢を示し、米国を逆なでした。

外交相関図

アメリカの構想

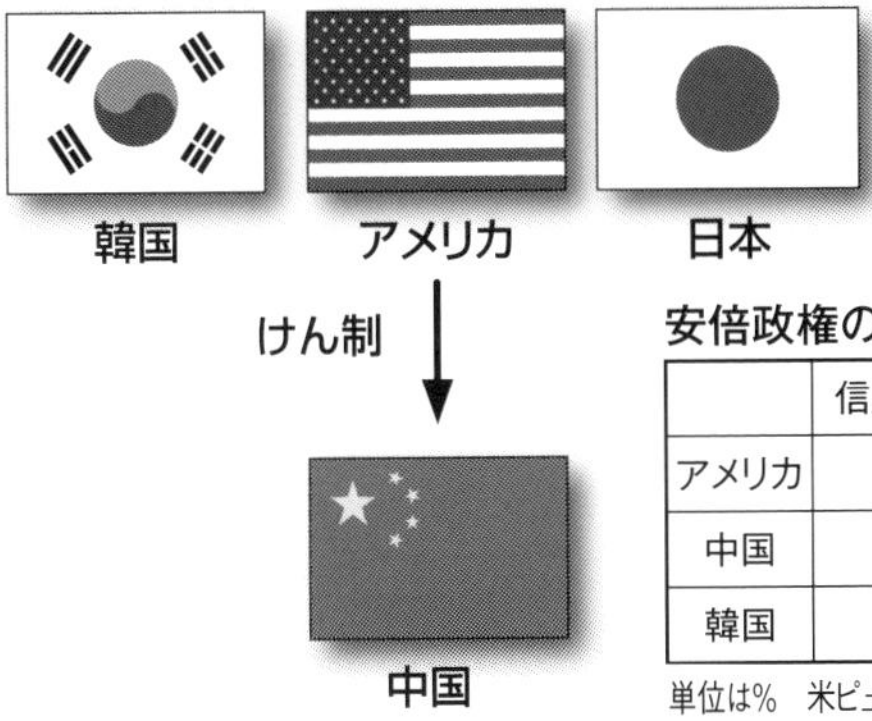

安倍政権の外交に対する反応

	信用する	信用できない	わからない
アメリカ	49	35	17
中国	15	70	14
韓国	5	94	2

単位は%　米ピュー・リサーチ・センター調べ（2014年春）

現状

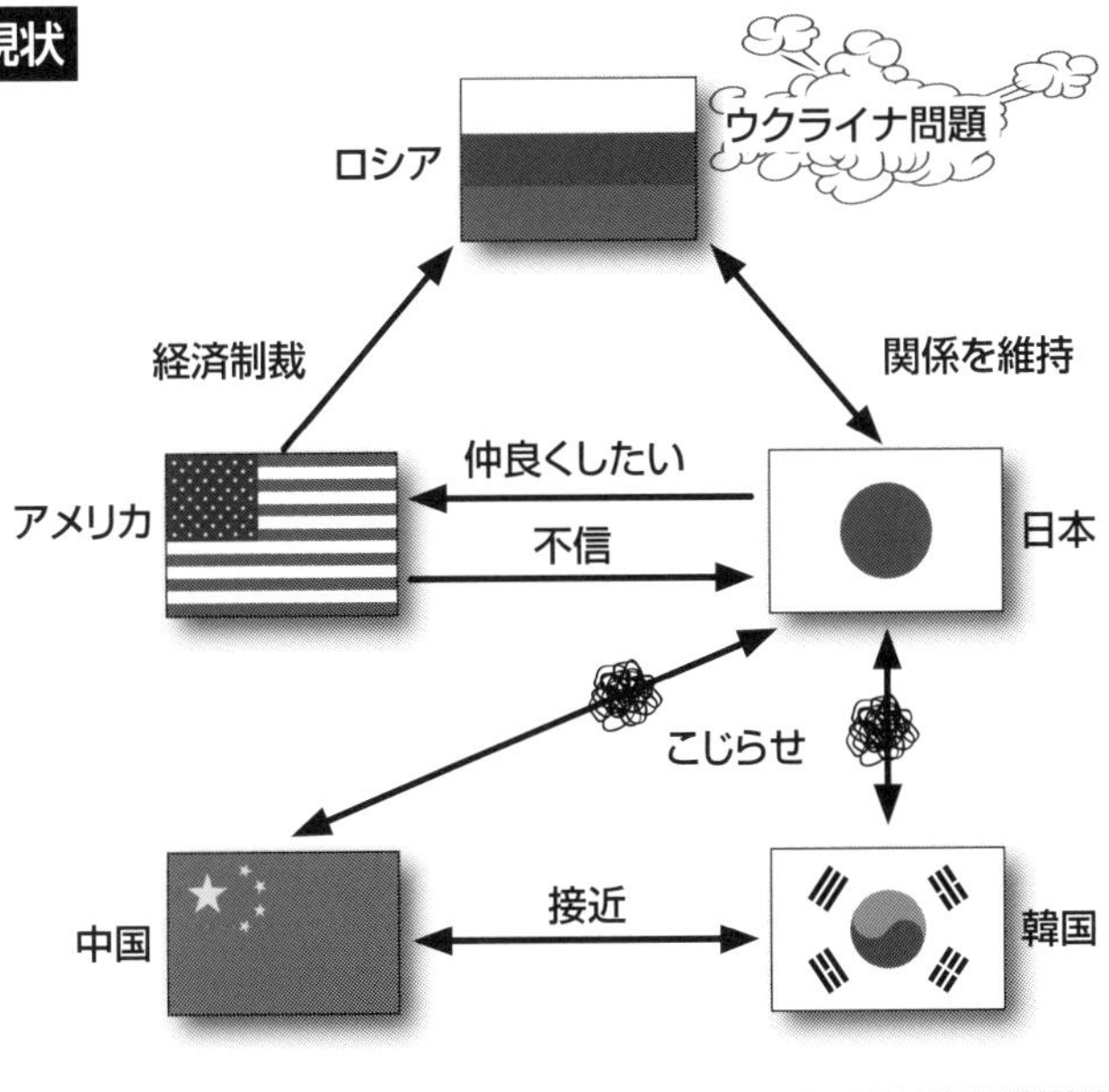

［国防］

世間を騒がせた理由とは？「特定秘密保護法」とは何か

大騒ぎしたけれど、始まってみれば拍子抜けの
秘密保護法だが、今もってどういう制度なのかよく分からない。
結局は、米国の要請で急ぎ制定せざるを得なかったというのが真相なのだが。

特定秘密保護法は13年12月、強行採決を経て成立。翌14年12月10日に施行された。この法律案は11年8月、当時の民主党政権が「秘密保全法制を早急に整備すべき」として国会提出を目指していたものだった。

尖閣諸島で中国漁船が海上保安庁の巡視船に衝突してきた動画がＹｏｕＴｕｂｅに投稿されたことがきっかけだった。が、そもそもは85年のスパイ防止法案（国家秘密法案）に遡る。スパイ防止法は当時、「知る権利を侵す」と批判を受け、廃案となった。

日本はスパイ天国とも称される。その一番の理由は、スパイを取り締まる法制度がないため。その意味では、スパイ防止法は必要とも考えられるが、特定秘密保護法は外国のスパイを取り締まるというより、日本の政府関係者からの情報流出を禁ずるもので、スパイ防止法とは似て非なるものなのだ。

何より、この特定秘密保護法が物議をかもしたのは、内容の曖昧さが原因だ。最も懸念されているのが、何が「特定秘密」なのかが曖昧な点だ。

「防衛」「外交」「スパイ防止」「テロ活動防止」の4分野で、安全保障に支障を来す恐れのある情報が「特定秘密」に指定されている。情報収集衛星の画像や、自衛隊の装備品の性能や設計図、暗号などが特定秘密になるのは当然だが、法律の条文には30以上の「その他」という単語があり、特定秘密の範囲は指定権者の裁量で容易に拡大できる。政権にとって不都合な情報は、隠し放題だ。その他、マスコミ取材を制限、萎縮させる点も懸念されている。

そうした批判が強かったにもかかわらず、強行採決までして安倍政権が特定秘密保護法を成立させたのは、米国

との関係が背景にあるとも言われる。

第1次安倍政権下の07年8月、日本政府は米国と「軍事情報包括保護協定」（GSOMIA《ジーソミア》）を締結。日米間で軍事上の秘密情報を共有し、かつその情報の漏洩を防ぐことを取り決めた協定だ。日本には、国家公務員法や地方公務員法、自衛隊法、刑事特別法、日米相互防衛援助協定（MDA）に伴う秘密保護法など秘密保護に関する法制度が既にあるが、日本の情報管理の緩さは米国も承知。米国の軍事機密が他国に漏れかねないということで、秘密保全の法整備が必要だったという。

13年に政府は、国家安全保障会議を設置。同会議が米国との安保政策のカウンターパートになるため、安倍内閣は秘密保護法の成立を急がねばならなかった。そのため議論も不十分なまま成立させざるを得なかったのだ。

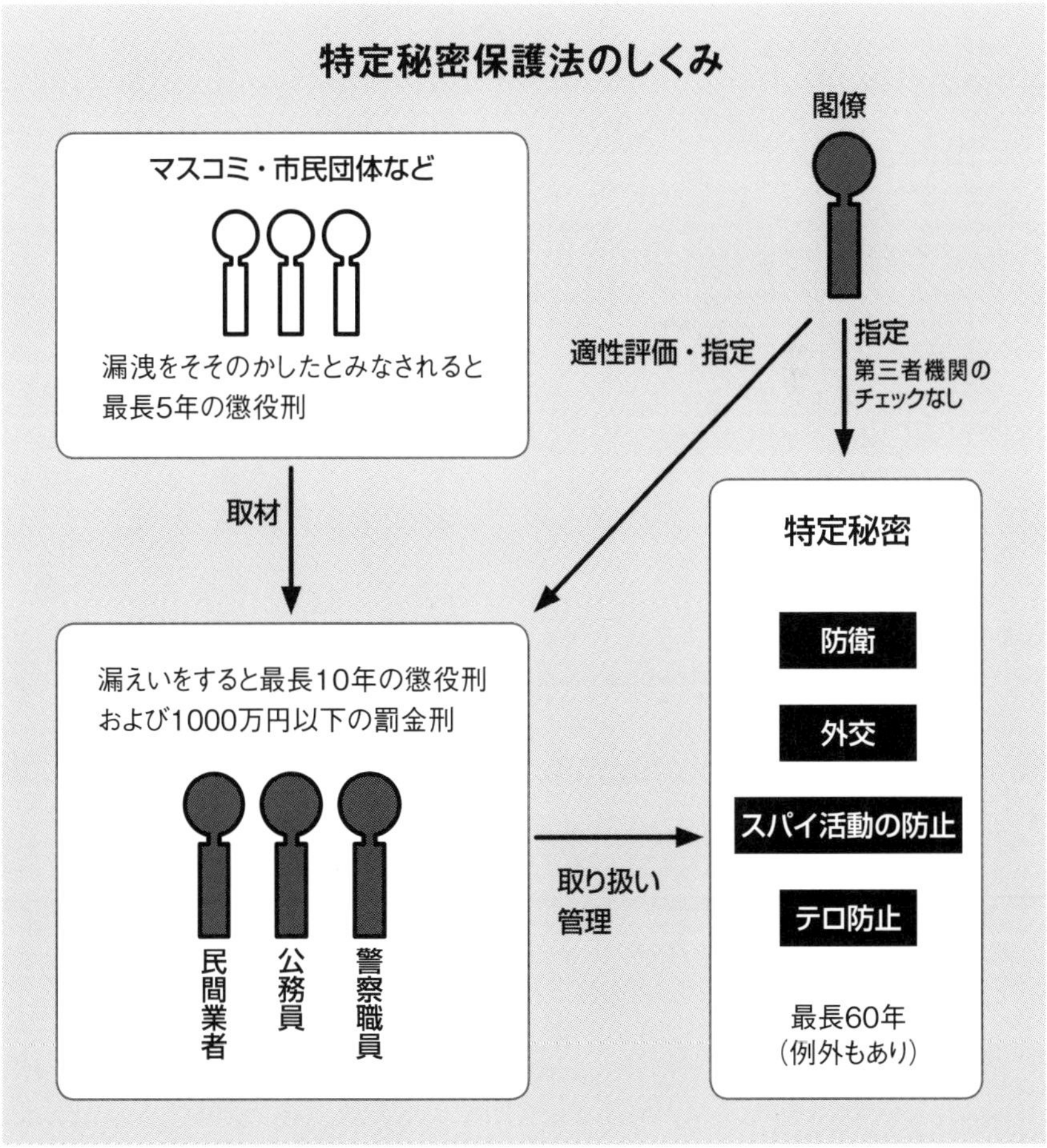

[国防]

ドタバタ閣議決定の裏側 安倍首相が「集団的自衛権」にこだわる理由とは

14年7月1日、安倍内閣は憲法解釈を変えて
「集団的自衛権」の行使を容認した。集団的自衛権とは何か。
なぜ「集団的」自衛権でなくてはならないのか。なぜこのタイミングなのか。

「自衛権」には2種類ある。「個別的自衛権」と「集団的自衛権」だ。個別的自衛権は、自国が他国から攻撃されたとき、自分の国を守る権利で、どの国も持っているもの。集団的自衛権は、同盟国が他国から攻撃されたら、自国への攻撃と同じと解釈し、同盟国と一緒になって敵国と戦うという権利。

日本政府はかねてより、「日本国憲法のもとでは集団的自衛権は行使できない」との解釈をとってきた。だから、集団的自衛権の行使が必要なら、安倍首相は憲法を改正すればいい。だが、憲法改正には時間も労力も掛かる。そこで「解釈」を変更して、集団的自衛権を行使できるようにしたわけだ。

しかし、解釈を変更することについては、否定的な意見が憲法学者の間で支配的だった。また、公明党の反発を抑えるために様々な部分で妥協を繰り返したことで、非常に複雑な前提を置くこととなった。例えば「武力行使の新3要件」だ。

（1）わが国に対する武力攻撃が発生したこと、またはわが国と密接な関係にある他国に対する武力攻撃が発生し、これによりわが国の存立が脅かされ、国民の生命、自由および幸福追求の権利が根底から覆される明白な危険があること。（2）これを排除し、わが国の存立を全うし、国民を守るために他に適当な手段がないこと。（3）必要最小限度の実力行使にとどまるべきこと。

じつは、わざわざこんな前提をつくらなくても、これらの要件に当てはまれば個別的自衛権は行使できる。つまり、集団的自衛権などなくても自衛隊は武力行使できるのだ。であれば、こんな大騒ぎをして集団的自衛権の閣議決定をせずとも、単に個別的自衛権に関する

閣議決定をすれば済んだはずだ。

　そうしなかったのは、あくまで「集団的」自衛権にこだわったからだった。なぜか?それは、米国の事情によるとみるべきだろう。

　米国は国防費がかさみ、毎年軍事費が削減されている。これまでは〝世界の警察〟として世界中に目を光らせていたが、それも限界。そうなれば米国も、同盟国に自国周辺の安全保障を担ってもらわねばならない。実際、米国の同盟国である英国やオーストラリアにもその負担が及んでいる。当然、日本も応分の負担を迫られるだろう。特に朝鮮半島有事に際して、米軍に協力できないような状況は避けねばならない。そうした姿勢を示すための「集団的」自衛権容認だったと見るべきだ。

　が、性急に進めた結果、妙ちくりんな自衛権となってしまった。

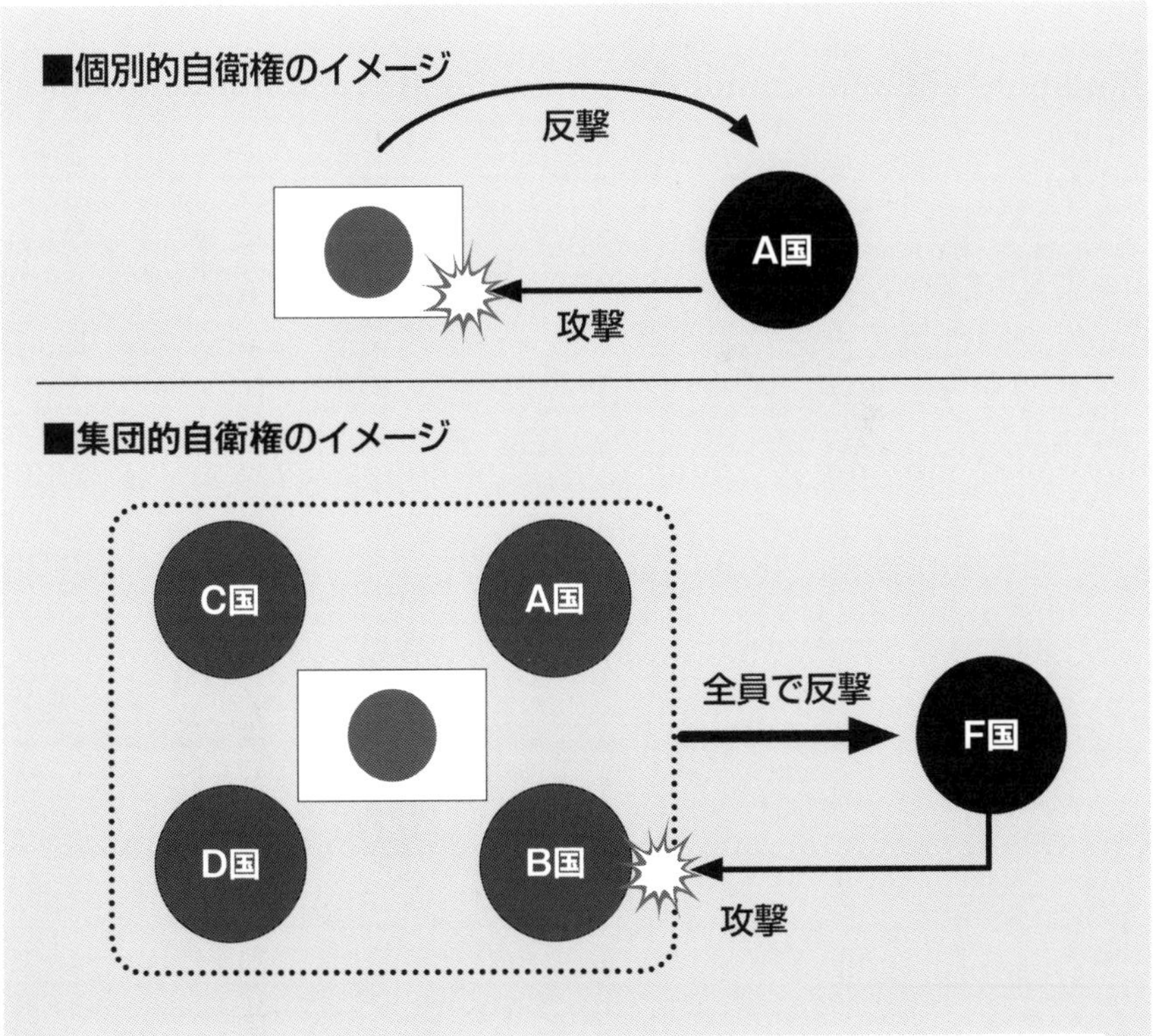

集団的自衛権は「権利」であって「義務」ではないので、必ずしも反撃に参加する必要はない。また、集団的自衛権を行使して日本がF国に反撃した場合、F国の同盟国も同じように反撃してくる可能性もある。

[憲法改正]

あなたも選択を迫られる 着々と進行する「憲法改正」へのシナリオ

安倍首相が総理大臣としてやり遂げたいことは、憲法改正だとされる。
「戦後レジームからの脱却」を目指すには、米国から押しつけられた憲法を改正し、
日本人に憲法を取り戻さねばならない、というわけだが……。

安倍首相は改憲論者だと言われるが、そもそも自民党こそ改憲政党である。自民党は結党時から「憲法の自主的改正」を「党の使命」として掲げている。GHQから押しつけられた日本国憲法は日本人のものではない。ゆえに、憲法を日本人の手でつくり直さねばならないという。その意味では、安倍首相は党是に従っているとも言える。

憲法改正のキモは、やはり9条だ。「戦争の放棄」を宣言したもので、「国の交戦権は、これを認めない」と規定している。しかし、交戦権がなければ敵国に簡単に制圧されてしまう。そこで日本は米国と安保条約を結び、米国に守ってもらっている。しかし、これでは一人前の国とは言えない。「普通の国」になるためには、やはり9条は改正せねばならない。そういう思いが安倍首相をはじめとする改憲論者の中に強くあると言って間違いはない。

9条改正に向けて着々とコマを進める

安倍首相は第2次政権において、常に憲法改正を念頭に置いているように見えた。性急に9条改正に取りかからず、まず96条の改正を進めようとした。96条は憲法改正の規定。衆参それぞれで3分の2以上の賛成を経て、国民投票で認められれば憲法は改正できるという規定。この3分の2を、2分の1に改正しようとしたのだ。国民アレルギーの強い9条より先に96条を改正することで、9条を改正しやすくしようと考えたわけだ。

安倍首相は13年5月、プロ野球の長嶋茂雄氏と松井秀喜氏に国民栄誉賞を授与した。そのセレモニーで長嶋・松井氏による始球式が行われたが、何と

2013年5月5日、長嶋茂雄氏と松井秀喜氏に国民栄誉賞を贈った際に贈呈されたサイン入りユニフォーム。「96」の背番号入りだ

安倍首相が審判として参加。そのユニフォームの背番号が「96」だった。当人は「96代の首相だから」と否定したが、憲法改正をアピールしたのは明白だった。

しかしそれでも憲法改正のハードルは高く、簡単にはいかない。さらに米国との関係で、集団的自衛権の容認を急がねばならなかった。そこで憲法改正によらず、閣議決定で集団的自衛権の容認を決めた。が、この閣議決定には無理があるとの指摘も強い。やはり、9条を改正することで、堂々と集団的自衛権を保持する形を取らねばならないと安倍首相は考えているのだろう。

安倍首相の目指す改正憲法の全容とは？

安倍首相の目指す憲法改正は9条だけではない。それは一体どういうものか。そのヒントは、自民党が12年4月に策定した「日本国憲法改正草案」を見れば分かる。

自民党草案には当然、「自衛権」や「国防軍」についての規定がある。その他にも、「家族の尊重」「環境保全の責務」「財政健全性の確保」など日本国憲法にない規範が盛り込まれている。

ただ、この憲法草案に対しては、「立憲主義を否定している」と法律家の間では評判が悪い。憲法というのは、国の権力である政府の権限を制限、制約する法律のはずだが、自民党草案を見ると、国民に様々な義務を課しているように受け止められるからだ。

実際、安倍首相にもそういう発想がある。14年2月の衆院予算委員会で安倍首相は、「憲法について、考え方の一つとして、いわば国家権力を縛るものだという考え方はありますが、しかし、それはかつて王権が絶対権力を持っていた時代の主流的な考え方であって、今まさに憲法というのは、日本という国の形、そして理想と未来を語るものではないか、このように思います」と答弁。はっきりと、立憲主義を否定している。

国民投票、やるならいつ?

（共同通信社）

2015年 3月5日	選挙権年齢を「18歳以上」に引き下げる公選法改正案を国会に再提出
通常国会会期中	同法案が成立
秋の臨時国会?	国民投票法を改正し、投票年齢を「18歳以上」に引き下げ
2016年 夏	参院選。18歳選挙権を適用した初の国政選挙に
参院選後の臨時国会?	憲法改正原案を国会発議
2017年 春?	初の国民投票を実施

国民投票法とは?

2007年5月に公布。正式には「日本国憲法の改正手続きに関する法律」と言う。憲法を改正する条件として、衆参両院の総議員の3分の2以上の賛成で国会を経て、国民投票で過半数の賛成を得ることと定めた憲法96条にのっとって、具体的な手続きを定めたもの。

［社会保障］

介護、年金、医療、どれも厳しい！ じり貧確定の社会保障政策

社会保障財政はもう限界。
本当は、抜本的な大改革をしなければ財政が立ちゆかないのだけれど、この安倍政権ですら社会保障政策は小手先の改正をするにとどまっているのが実態だ。

安倍首相というと、外交・安保政策が目立つが、意外にも厚労族議員なのである。自民党の政策調査会で、厚労省の政策を担当する社会部長を務めたこともある。よって、社会保障には理解のある政治家と見てもよい。

かといって、社会保障費を大盤振る舞いするというわけではない。周知の通り、社会保障の費用がかさんで国家財政は悪化している。財務省も厚労省も、いかに社会保障費を削るかに腐心している。その中で消費税率10％を先送りし、目先の財源も失われてしまった。

しかし、社会保障費を削らねばならないと絞りに絞れば、政権批判が高まる。そこで安倍政権は、「子育て」政策の充実化で、世間受けを狙おうとしている。子育て支援は、アベノミクスでも提唱している女性の社会進出を後押しするものでもある。

子育て政策の骨子は、「子ども・子育て支援新制度」という。15年度では、保育施設の定員増や、保育士への処遇改善事業に5200億円を計上している。

要介護者は増えるのに介護報酬は減額！

この子育て政策によって割を食ったのが、「介護」である。15年度予算では、国が介護事業者に支払う介護報酬を2・27％減額した。引き下げは9年ぶり。

この引き下げについて塩崎恭久厚労相は、介護予算が膨張を続ける中で介護保険制度を持続させるために必要だったと説明している。確かに介護保険の総費用は、制度が始まった00年には3兆6000億円だったが、今や

10兆円を越えている。このまま膨張すれば、制度が成り立たないというわけだ。

しかし一方で、介護が必要な高齢者はどんどん増える。ところが、それを担う介護職員は2025年には30万人も不足するという。不足するのも当然で、介護職員の報酬は全産業平均に比べて約10万円低い。そのため政府は15年度予算で介護職員の報酬を最大で月額1万2000円引き上げることとした。

いずれにしても、小手先の弥《び》縫《ほう》策《さく》に過ぎない。

年金は受給年齢引き上げ 医療費負担は増

介護同様に「年金」財政も厳しい。日本の年金制度は賦課方式といって、20〜64歳の現役世代が65歳以上の年金を払っている形になっている。政府の推計によれば、13年は2・3人の現役が1人の65歳以上を支えていたが、25年には1・8人になるという。

そのため年金制度は、「取るを増やして出を絞る」方向に舵を切っている。現役が払う年金保険料を上げ、高齢者が受け取る年金額を減らす。さらに、年金を貰う年齢を70歳まで引き上げ、69歳まで年金保険料を支払うようにする等々――。

正にこの4月、これが行われる。「マクロ経済スライド」という制度が始まる。マクロ経済スライドとは、現役人口の減少率と平均余命の伸び率を数値化し、年金額から差し引くもの。基本的に、年金を減らす仕組みと考えてよい。

いずれにせよ、年金も介護同様に弥縫策で対応しているに過ぎない。

「医療」もやはり同様。政府の「社会保障制度改革推進本部」の改革骨子案には、負担増のメニューが並んだ。例えば、75歳以上の後期高齢者の保険料を軽減していた特例の廃止や、入院時の食事代も引き上げることとした。

社会保障費については、このようにずっと小手先の改悪をし続けているだけで、本来行われるべき抜本的改革には手を付けていない。現在の社会保障制度も一種の「戦後レジーム」なのだが、安倍首相に意欲は見られない。

今後の社会保障改革の動きは?

（首相官邸ホームページより）

	主な実施事項
平成27年（2015年）1月～3月	○医療保険制度改革関連法案の提出（平成27年の通常国会） ・法案成立後、同法に基づき各種改革を順次実施 ・都道府県において、地域医療構想を策定し、医療機能の分化と連携を適切に推進（平成27年4月～） ・地域包括ケアシステムの構築に向けた地域支援事業の充実（平成27年4月～） ・低所得者への介護保険の一号保険料軽減を強化（平成27年4月より一部実施、平成29年4月より完全実施） ・一定以上所得のある介護サービスの利用者について自己負担を1割から2割へ引上げ等（平成27年8月～）
平成27年度（2015年度）	○子ども·子育て支援新制度の施行（平成27年4月～） ・待機児童解消等の量的拡充や保育士の処遇改善等の質の改善を実施 ○医療介護総合確保推進法の一部施行
平成29年度（2017年度）	○年金関連法の一部施行 ・年金を受給している低所得の高齢者·障害者に対して月額5000円の福祉的給付等を支給（平成29年4月～） ・老齢基礎年金の受給資格期間を25年から10年に短縮（平成29年4月～）
平成30年度（2018年度）	○国民健康保険の財政運営責任等を都道府県に移行し、制度を安定化（平成30年4月～、医療保険制度改革関連法案関係） ○医療計画·介護保険事業（支援）計画·医療費適正化計画の同時策定·実施（平成30年4月～）

マクロ経済スライドとは?

社会情勢（現役人口の減少や平均余命の伸び）に合わせて、年金の給付水準を調整する仕組み。例えば長生きする人が増えるほど受給額は減る。また、少子化によっても年金の受給額が減る。

［雇用］

労働者の明日はどっちだ？ 企業優遇の雇用政策をバンバン採用

安倍政権の雇用政策は、財界が望む政策を推進すること。
もちろんそれには批判も多いが、ともかく財界の言う通りのことを進め、問題があれば後から直せばいいという姿勢だ。

安倍政権の特徴として、財界との良好な関係が挙げられる。発足当初こそ経団連の米倉弘昌会長と齟齬があったが、今では、財界が望む法人税減税を推進し、また財界も安倍政権が求めるベアを受け入れる等、蜜月関係にある。そんな安倍政権は、雇用制度改革に前向きだ。これもやはり、財界の要請に基づくものと言って間違いない。

企業はできるだけ効率的に仕事を行いたいので、従業員は、忙しいときには多く、暇な時には少なくしたい。が、それを阻んでいるのが労働規制だ。日本の労働規制は先進国の中で最も厳しい、と日本企業は受け止めている。その思いを引き受け、安倍政権では労働規制の緩和を進めようとしている。

真っ先に取り組んだのは、解雇規制。日本では社員をクビにすることは原則できない。やむなくリストラする場合にも、「整理解雇の4要件」という厳しい基準を満たしていないとできない。

この規制を緩和するため、政府は「解雇の金銭解決」を制度化しようと動いた。アベノミクス第3の矢の司令塔の一つ、産業競争力会議で検討が行われた。金銭解決制度は「事前型」と「事後型」がある。事前型は、社員をクビにする際に、決められた額を払うというものだが、さすがにこれは酷いということで見送られた。事後型は、裁判で解雇無効が認められた場合、金銭で解決するというもの。こちらは導入が検討された。しかし、この制度導入には批判も多く、14年5月にいったん見送られた。が、政府はこの制度導入にはまだ意欲を持っている。

現在進んでいるのが、派遣法の改正。就労期間の上限がなかった「専門26業務」の派遣社員にも3年の上限を設け

見逃せない安倍政権の雇用改革をPICK UP

	気になるポイント	状況
解雇の金銭解決制度の導入	裁判で解雇無効が認められた場合、金銭で解決するというもの。金さえ払えば企業は正社員を解雇できるようになるとの懸念の声が。	2016年中の国会に法案提出。2016年春の施行を目指している。
労働者派遣法改正	専門26業務を廃止し、どんな業種においても例外なく、同一労働者が同一職場で派遣就労する上限を3年とする。派遣社員の労働がより不安定に？	2015年3月に派遣法改正案を国会に提出。同年9月の施行を目指している。
ホワイトカラーエグゼンプション（残業代ゼロ法案）	働いた時間ではなく成果で評価されて給与に反映される制度。年収1075万円以上との大枠は示されたが、適用範囲や職種などの詳細は未定。	2015年3月の国会に労働基準法の改正案を提出。2016年4月の施行を目指している。

るというもの。3年を超える場合、企業は直接雇用を促されるため、3年ごとに派遣社員を入れ替えたほうが都合がよく、結果、派遣社員の雇用がさらに不安定になる可能性が高い。

そのため与党は、この改正法施行後に派遣社員が大幅に増えた場合は、速やかに法律を見直すことを法案に盛り込むという。結局は、「財界の顔を立てるために法律は通し、それで批判を浴びれば改めます」という姿勢なわけだ。

雇用政策でもう一つ話題なのが、「ホワイトカラーエグゼンプション」の導入。〝残業ゼロ〟法案と悪名高いものだが、この制定作業も進めている。

15年1月に厚労省は同制度の素案をまとめ、対象を「高度の専門知識等を必要とする業務」に従事する「年収1075万円以上」とした。ここでもとにもかく制度を通すことを優先している。

［エネルギー・原発］

大事故を経ても原発ゴリ押し 安倍首相が再稼働・輸出に熱心な理由

あれだけの原発事故を目の当たりにしてもなお、
なぜ安倍首相は原発を推進するのか。安倍首相にとって、原発問題は安全保障問題。日本の安全を守るために原発は必要だというスタンスだと見ていい。

安倍首相は何ゆえ、原発再稼働や輸出にご執心なのか。

保守政治家のエネルギー政策に対する見解は、次のようなものだ。

日本は石油やガスなどの埋蔵量の少ない小資源国なので、エネルギー安保は不可欠。実際、太平洋戦争に日本が突き進んだのは、米国に石油禁輸措置を取られたことがきっかけで、それにより日本は石油を求めて東南アジアに進出した。こうした事態が再び起こることを避けるため、日本には石油以外のエネルギー源が必要であり、原発は重要なエネルギーなのだ――。

さらに、原発を運転することにより生成されるプルトニウムは、原子爆弾の原料になる。このため、日本が事実上の核保有国として、諸外国にいつでもプレッシャーを掛けることができる――という風説もある。保守政治家が原発再稼働にこだわる裏の理由がこれだという。技術的に出来るか否かは議論が分かれるが、保守陣営の中にはこう考えている人たちは多い。

いずれにしても、安全保障の観点で原発は必要なものだと認識されている。

原発マネーの存在も見逃せない。NHKの調査では、総額3兆円もの資金が自治体に支払われてきたという。この資金が、地方自治体の重要な歳入となっており、既に日常の生活にも浸透。原発をなくせばこの資金もなくなることになり、一気に政治問題に発展する。そんな中、政府は原発輸出に力を入れている。トルコ、アラブ首長国連邦（UAE）両国と、原発輸出に関する協定が既に取り交わされている。

原発輸出に政府が出張るほどの意欲を見せるのは、それが大きな利権に関わるからだ。が、それだけでなく、や

トルコのエルドアン首相（右）と握手を交わす安倍首相。この2013年10月28日から29日のトルコ訪問の際、シノップ原発プロジェクトについて、日本企業側とトルコ政府との間で商業契約の交渉が終了し合意に至ったことを歓迎し、「原子力エネルギー及び科学技術分野における協力に関する共同宣言」に署名した

はり日本のエネルギー安保に関わるからでもある。

福島原発事故以前、政府は原子力の割合を30～40％にする計画を立てていた。温暖化対策のためにも、原発の比率を高める方針だった。ところが日本では、２０１０年代の原発の建て替え予定がほとんどなかった。このままでは原発建設のノウハウが失われ、２０３０年から見込まれる原発建て替えに対応できなくなる――そこで原発輸出で技術者のノウハウを維持させるという意図があるというのだ。

安倍政権が依然として、原子力を日本のエネルギー安保の基本に据えている以上、原発再稼働は当然であり、原発輸出も日本のために必要な事業という位置づけだ。世論の反発を意識し、声高に原発の必要性を口にしないが、本音はそうなのだ。

[通商・貿易]

武器輸出、なし崩しに進むTPP……
“トップ・セールスマン安倍”の腹の内

保守陣営から評判の悪いTPP。

しかし、保守本流を標榜する安倍首相は、隠れTPP推進派だとも言われる。反対を言いつつ、交渉はどんどんと進んでいく。言行不一致が如実に出ている。

安倍首相は、日本の〝トップ・セールスマン〟として世界各国を飛び回っている。外遊回数は既に小泉首相の48カ国を越え、最高回数更新中である。

外遊する首相訪問団には、100人規模の日本の大手企業の関係者が同行している。13年4～5月のロシア、サウジアラビア、UAE、トルコ訪問では118の企業・団体で計383人が同行した。

企業が海外ビジネスを行うには、現地の要人とのパイプづくりが必要。その前捌きを日本の首相自らがやってくれれば、非常にありがたい。財界が安倍首相支持を鮮明にしているのも、こうしたことが背景にあるのだろう。

今、通商・貿易問題といえばTPPだ。安倍自民党は政権を取り返した12年の選挙で、「TPP交渉参加に反対します」と公約した。が、公約とは裏腹に日本政府は、なし崩し的にTPP交渉に参加。つまりは安倍首相は、農協よりも財界を選んだと言える。

安倍政権では12年4月、武器輸出三原則に代わる、「防衛装備移転三原則」を発表。海外企業との武器共同開発に道を開いた。その後、政府はオーストラリアやインドに国産潜水艦「そうりゅう」を、英国には日本が開発した最新鋭のP1哨戒機を売り込んでいる。兵器が日本の重要な輸出品になるのだろうか。

アベノミクスは、「軍事ケインズ主義」を狙っているとの見方がある。戦争のためでなく、景気高揚のために多大な軍事費を投入する、一種の公共事業だ。安倍首相はアベノミクスと一蓮托生であり、どんな手を使っても景気回復をさせねばならない。その手法として国防が有効なら、当然推進するはずだ。

[復興]

忘れてるわけじゃないですよね？ 被災地復興が遅々として進まない理由

被災地の復興は真っ先に進めねばならない。
そのことは安倍首相も重々承知だ。が、安倍首相が力を入れる東京オリンピックや原発再稼働が、被災地の復興を遅らせている現実がある。

安倍首相は、被災地を忘れてはいない。岩手、宮城、福島3県にほぼ毎月視察に出向いている。国会や外遊の合間を縫っていくのは、それなりの労力を要するが、被災地を無下にしたら国民からの批判を受ける。政権の維持を考えれば、このくらい当然のことと言えるかもしれない。

安倍首相は15年1月、財界3団体の賀詞交歓パーティーで「福島の復興なくして日本の再生はない。さらに復興を加速させていくためにも、経済をしっかりと強くしていくことが大切」と挨拶。福島復興再生特措法の改正案を提出することも明らかにした。福島第1原発事故で被災した市町村の住宅整備を推進するという。

しかし、復興は遅れているとしか言いようがない。15年3月末までの災害公営住宅建設の進捗は35％程度、民間住宅等用地整備は目標の20％程度しか進んでいない。

予算がないわけではない。東北地方の銀行には3兆円もの預金があるという。これは国から地方自治体に交付された復興資金。カネはあるが、首都圏で東京五輪などを見越した工事が活発化し、作業員が不足。さらに円安などによる資材高で入札が不調に終わってしまい、工事が一向に進まないのだ。

福島第1原発の事故もまだ続いている。15年1月の国会で安倍首相も、「収束という言葉を使う状況にはない」と認めざるを得なかった。

いまだに溶け落ちた核燃料は、どこにあるのかすら把握できていない。原発建屋には1日350ｔの地下水が毎日流れ込む。東京電力は15年3月中に原発内の高濃度汚染水を処理する予定だったが、延期となった。

［地方再生］地方の人口減少対策を掲げるものの実態は単なるバラマキだった？

地方再生策を策定した「まち・ひと・しごと創生総合戦略」では、政策の趣旨として「東京一極集中の是正」「若い世代の就労・結婚・子育ての希望の実現」「地域の特性に即した課題解決」を掲げている。安倍政権の地方再生は、単に地方を活性化させるのではなく、人口減少の要因となっている地方の疲弊を止めることを狙いとしている。

とはいえ、その具体策を見ると、総額4200億円の大規模交付金をばら撒くというもの。結果、従来と変わりばえのしない事業が行われるだけではないか、とも指摘されている。これでは少子化対策というよりも、統一地方選に向けた自民党の地方〝買収〟ではないかとも見えてくる。

そして、地方再生がうまくいかなければ、安倍首相のライバル、石破茂地方創生相が責任を取ることになる。

［農林水産］農協に厳しい政策をバンバン実施弱体化を狙う真意とは？

安倍首相は、「農協」を抵抗勢力に位置付けようとしているようだ。農業の岩盤規制を守っているのは「JA全中」（全国農業協同組合中央会）だから、JA全中の権限を縮小する。具体的には各地の農協に対する指導・監督権、そして各農協から全中への上納金（賦課金）を廃止する。

こうして全中の影響力を削いだ後には、企業の農業参入推進、つまり「農業生産法人」をどんどん設立させる。そして、市町村の農業委員会が許可していた農地制度を改革し、「農地の拡大」を進める。

かつて小泉首相は「郵政」改革を行うことで、自民党の守旧派との対決姿勢を明確にし、国民の支持を集めてきた。安倍首相もこれに倣い、農協を守旧派として改革を求め、国民の支持を得ようとしているのかもしれない。

【教育】第1次安倍政権からのミッション教育改革に力を入れる理由とは

「教育」は、安倍首相の思い入れの強い政策テーマだ。第1次政権でも教育改革をトップに掲げていた。現政権では「教育再生実行会議」を設置し、議論を進めている。同会議は既に5つの提言を公表。「道徳教育」「教育委員会制度の見直し」「大学学長によるトップダウン運営」「高校と大学の接続」「6334制の見直し」といった具合。

道徳教育は、戦後教育の誤りを修正し、〝正しい日本人〟を育成するためのもの。正に安倍首相が提唱する「戦後レジームからの脱却」である。また教育委員会制度の見直しも、宿敵「日教組」を弱体化させる狙いだと見てよい。

こう見ると、教育政策こそ安倍首相がキャッチフレーズに使った「美しい日本」を実現するために、最も重要な政策と言える。

【政治・行政】喧嘩上等のポーズを取りつつも実際はナアナアに

安倍首相や菅義偉官房長官は、公務員改革推進派なのだ。みんなの党をつくった渡辺喜美氏が自民党にいた当時、一緒に改革に取り組んでいた仲間だった。その痕跡は今でも垣間見える。安倍政権発足のどさくさの中、日本郵政社長に官僚OBの就任が決まった。この人事に菅官房長官は怒りを露わにし、強引に人事を変えさせたこともある。

しかし、政権運営するには、官僚と喧嘩していてはやっていけない。そのため、公務員改革の象徴とも言える「内閣人事局」の設置も、表向きは改革が進んだように見せて、実際には官僚のポストを1つ増やしてあげただけのものとなった。財務省や総務省、人事院が持つ権限は完全に温存した骨抜き改革だった。まあ、定数是正など政治改革ができないのでは、公務員改革も覚束ないのだが。

人間に迫る

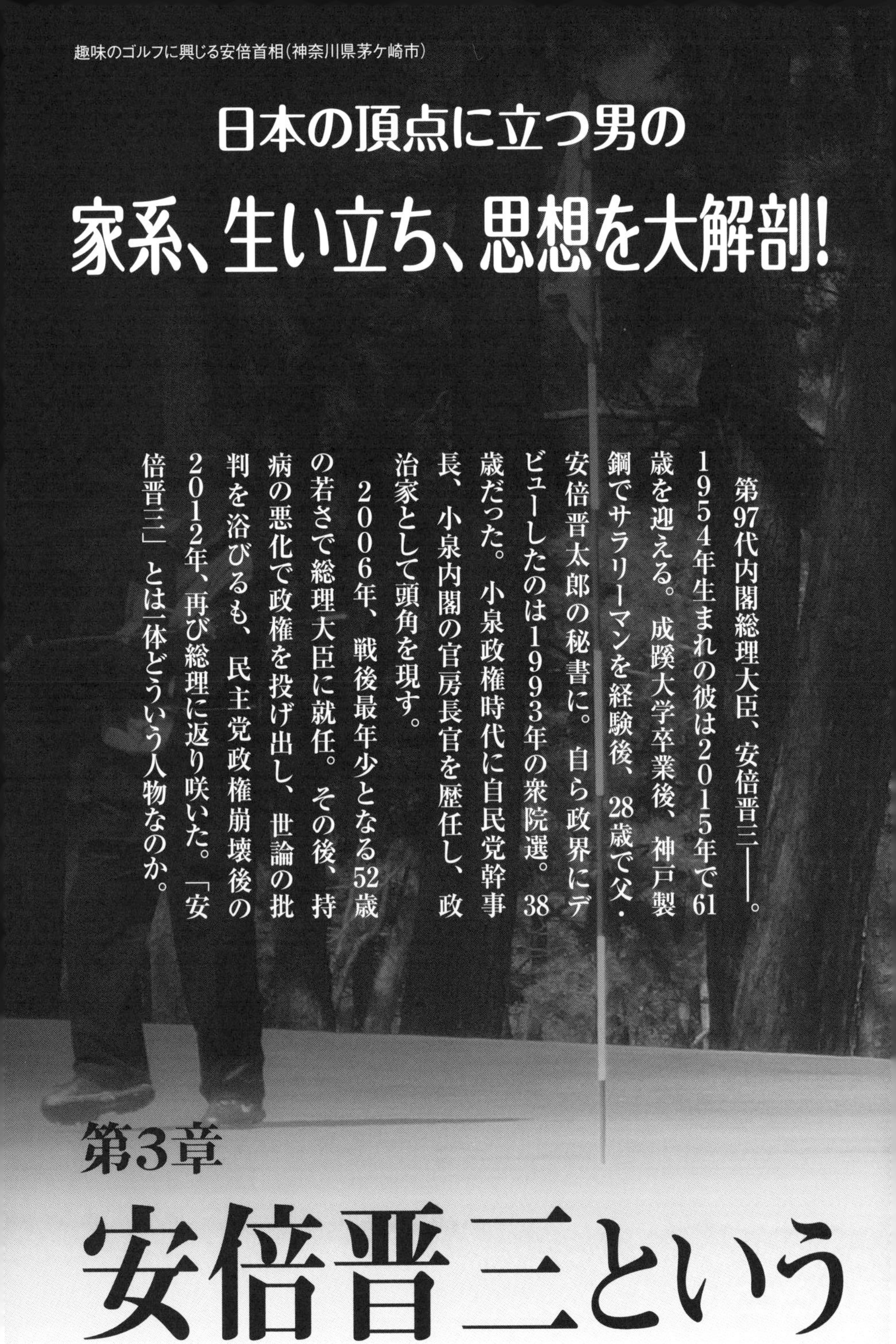

趣味のゴルフに興じる安倍首相（神奈川県茅ケ崎市）

日本の頂点に立つ男の

家系、生い立ち、思想を大解剖!

第97代内閣総理大臣、安倍晋三――。

１９５４年生まれの彼は２０１５年で61歳を迎える。成蹊大学卒業後、神戸製鋼でサラリーマンを経験後、28歳で父・安倍晋太郎の秘書に。自ら政界にデビューしたのは１９９３年の衆院選。38歳だった。小泉政権時代に自民党幹事長、小泉内閣の官房長官を歴任し、政治家として頭角を現す。

２００６年、戦後最年少となる52歳の若さで総理大臣に就任。その後、持病の悪化で政権を投げ出し、世論の批判を浴びるも、民主党政権崩壊後の２０１２年、再び総理に返り咲いた。「安倍晋三」とは一体どういう人物なのか。

第3章 安倍晋三という

華麗なるエリート一族の系譜 〝政界のプリンス〟のルーツに迫る

父親は、中曽根内閣で外務大臣を務めた安倍晋太郎。祖父は元首相の岸信介。岸の実弟で元首相の佐藤栄作は大叔父にあたる。その華麗なる系譜は、典型的な日本の特権階級といってよい。〝政界のプリンス〟ともいわれる安倍首相のルーツに迫る。

安倍晋三は1954年9月21日、新聞記者だった父・晋太郎と母・洋子の次男として東京で生まれた。3人兄弟の真ん中にあたる。「晋」の字は父・晋太郎から1字をとった。次男なのになぜか「三」となったのには特別な意味はなく、単に「座りが良い」という理由からだったとされる。

江戸時代から続く山口の名家

安倍家のルーツについて説明すると、もともと安倍家は、地元山口県では江戸時代から続く酒と醤油を醸造する大庄屋の名門として有名な豪家だった。

晋三にとっては父方の祖父にあたる晋太郎の父・安倍寛は1894年（明治27年）、山口県大津郡日置村（現・長門市）に生まれた。東京帝国大学法学部を卒業後、「金権政治打倒」を訴えて1928年の総選挙に立候補するが落選。1933年から村長を務めた後、山口県議会議員を経て、1937年から国会議員を2期務めた。母の静子は、陸軍軍医監だった本堂恒治朗の娘で、晋太郎が生まれた後に離婚している。

晋太郎は長男で、晋三にも引き継がれた「晋」の字は、いまの山口県、幕末の長州藩で「奇兵隊」を組織した志士・高杉晋作に由来している。

1937年、安倍寛が衆議院議員に当選したことから、安倍家と中央政界との関係が初めて築かれる。安倍寛は反戦主義者、いわゆる「ハト派」だったらしく、太平洋戦争中の1942年に行われた衆議院選挙では東条英機ら軍閥

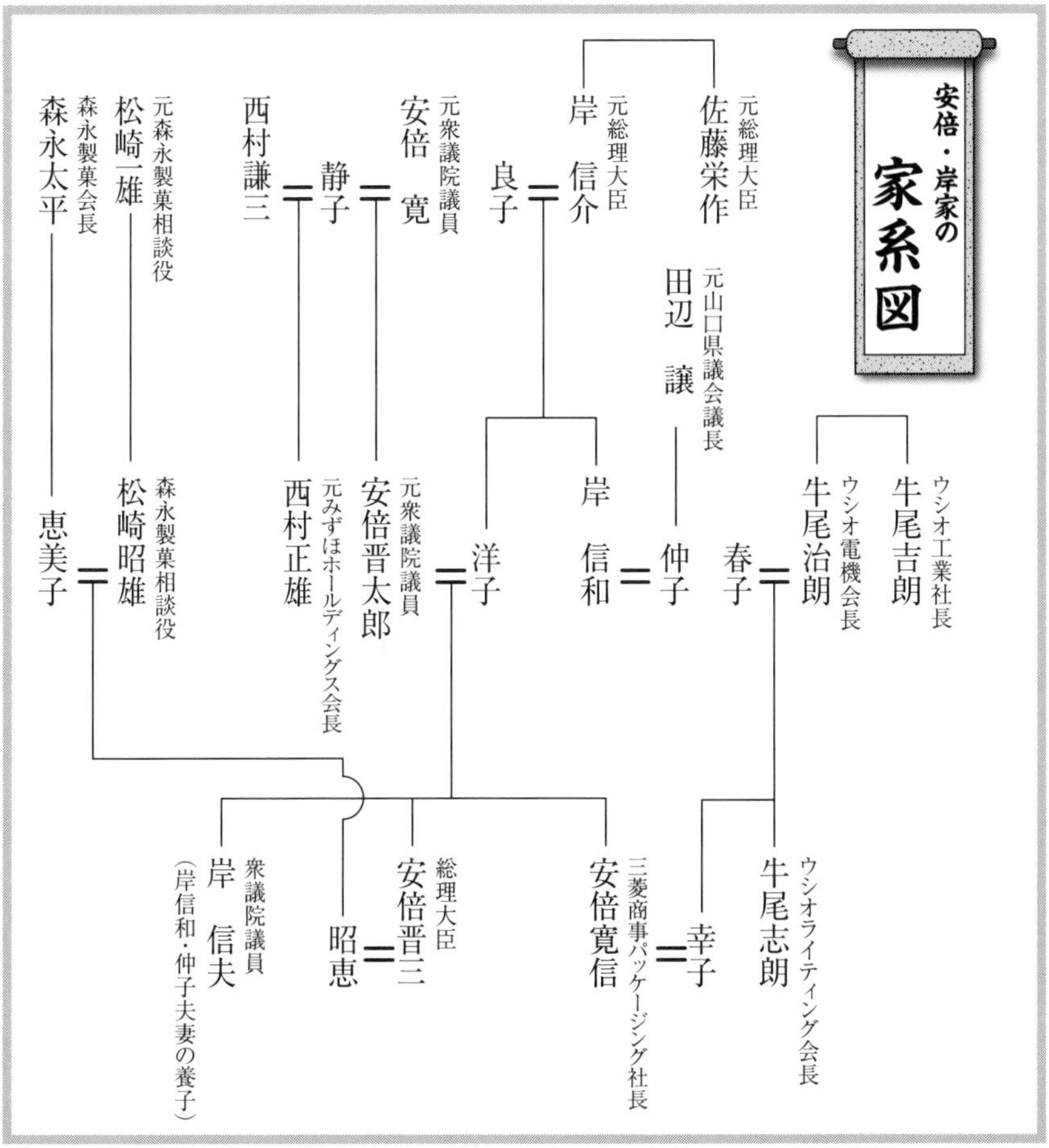

主義を批判、無所属で立候補し当選を果たしている。終戦直後の1946年、心臓麻痺で急死。51歳だった。

晋太郎は1943年、東京帝国大学法学部に入学。1949年に卒業後、毎日新聞社に入社し、記者となった。1951年、晋太郎は岸信介の長女、洋子と結婚する。1956年には毎日新聞社を退社し、岸信介の秘書に。1958年の衆院選で自民党公認で出馬し初当選、政界入りを果たした。

晋三の母・洋子は1928年、東京生まれ。白百合高等女学校卒業後、晋太郎と結婚、3人の子をもうける。現在は、東京都渋谷区富ヶ谷の自宅で晋三夫婦と暮している。2015年で87歳になるが、晋三に政治活動についてアドバイスもしているとされる。岸信介、安倍晋太郎、安倍晋三という3代にわたる政治活動を見守ってきた洋子は、永田町からしばしば「政界のゴッドマザー」とも呼ばれる存在だ。

政界のゴッドマザーから生まれた安倍3兄弟

晋太郎と洋子の間に生まれた3人兄弟のうち、晋三の2歳上の兄、安倍寛信は成蹊大学を卒業後、三菱商事に入社し、サラリーマン生活を送っている。

晋三の5歳下の弟、信夫は、生まれてすぐ母方の伯父の岸家の養子となり、岸信夫と名乗った。岸信介の長男、信和に跡継ぎがいなかったため、岸家の子供として育てられた。慶応義塾大学経済学部を卒業後、住友商事に入社し、長くサラリーマンを勤めたが、04年に政界に進出。現在は衆院議員だ。

岸信夫は、生まれた時から岸家の養子となる運命が決まっていたようだ。安倍家と岸家は車で10分程の距離しか離れておらず、幼い頃は3兄弟が揃って遊ぶことも少なくなかった。しかし、3兄弟としてではなく、両家では別々の家の子供として扱われていたようだ。信夫本人が養子であることを知るのは、大学受験で必要書類を書く際、戸籍謄本を見たところ、「養子」の文字を見つけてしまったことによる。本人はかなりのショックを受けたという。

結局、「安倍3兄弟」のうち、晋三と信夫の2人が政治家となった。長男である寛信が晋太郎の後継者となってもおかしくないはずだが、そうはならなかった。母の洋子は、寛信と晋三についてこう語っている。

「2人とも大学生になってからは、主人の選挙を手伝っておりましたし、政治に関心はあるようでしたが、小さい頃から晋三のほうにそういう雰囲気がございました。小学生のときにバスで遠足に行って、みんながマイクを持って歌っていたら、晋三は『安倍晋太郎をよろしくお願いします』と言ったそうです」（安倍洋子著『わたしの安倍晋太郎―岸信介の娘として』ネスコ／文藝春秋）

父の仕事を手伝ううち、長男の寛信よりも次男の晋三の方が、積極的に関心を寄せるようになっていったことが窺える。晋三は大学卒業後、神戸製鋼所に勤務するが、晋太郎の秘書に転身、93年の衆院選に初出馬する。

この衆院選で晋三を支援したのが、みずほホールディングス元会長の西村正雄であり、ウシオ電機会長の牛尾治朗らだった。家系図を見てもわかるとおり、西村正雄は晋太郎の異父兄弟であり、安倍晋三の叔父にあたる。牛尾治朗は晋三の兄・寛信の妻・幸子の父親、つまり岳父にあたる。

「閨閥」を盤石にした妻・昭恵との縁組み

最後に、安倍晋三のルーツを語る上で欠かせないのが、晋三本人と森永製菓令嬢の松崎昭恵との結婚だ。

昭恵は森永製菓の松崎昭雄社長（当時）の長女で、昭雄の父は元森永製菓相談役の松崎一雄、祖父は森永製菓のエンゼルマークを考案した松崎半三郎。昭雄の妻・恵美子の父は元森永製菓会長の森永太平であり、太平の父は森永製菓創業者の森永太一郎だ。森永製菓は森永太一郎が創業し、松崎半三郎が近代的製菓会社に育て、森永、松崎両家は交互に社長を輩出している。

安倍家は、洋子を通じて岸信介、佐藤栄作という2人の元首相の家系と深い関係を築いた。加えて、晋三、寛信の結婚相手を通じて、経済界にも「閨閥」を広げていったのである。

1957年2月、新首相に就任した祖父の岸信介に抱かれる安倍晋三（右）と兄の寛信（左）。左端は母・洋子

昭和の妖怪 岸信介と安倍晋三

安倍晋三という人物を語るうえで、祖父・岸信介の存在を無視することはできない。吉田茂とともに戦後日本を代表する政治家で、「昭和の妖怪」との異名をもつ岸信介は、安倍晋三にどのような影響を与えたのか。

安倍晋三の母・洋子は、かつて雑誌にこう書いている。

「よく『晋三さんはお父さんの晋太郎さん似ですか、お祖父さんの岸さんに似ていますか』と聞かれます。私からみると、『政策は祖父似、性格は父似』でしょうか」（「息子・安倍晋三　特別手記」『文藝春秋』２００３年11月号）

安倍首相は２０１４年に世論やマスコミの反対を押し切って、集団的自衛権の行使容認の閣議決定をしたが、その時、安倍首相の脳裏には、安保反対の批判に屈せず新安保条約を成立させた岸の姿があったのかもしれない。

少年時代から首相返り咲きまで

安倍晋三の歩んだ人生

〝政界のプリンス〟と称されるほどの政治家一族の家庭に生まれ、戦後最年少総理となり、健康問題で退陣。
そして奇跡的な総理再就任を果たした安倍晋三の人生の軌跡を振り返ってみよう。

安倍晋三は東京生まれの東京育ちである。両親も2人の祖父も山口県出身で、自身も政治家として山口4区を選挙区とする安倍晋三だが、山口県内で定住生活をした経験はない。

晋三は東京都武蔵野市にある成蹊小に入学し、成蹊中学、成蹊高校、成蹊大学法学部政治学科とエスカレーター式に進学した。小学校時代の家庭教師は、当時東大生で現衆院議員の平沢勝栄氏だった。少年時代の安倍晋三を知る人の多くは、「特に偉ぶった様子もなく、クラスでも目立つということもなかった」と語る。一方で、祖父が元首相の岸信介だったことを自慢げに話すこともあったという。

晋三は77年に大学卒業後、語学研修を経てアメリカの南カリフォルニア大学に2年間留学している。

アメリカ留学を終えて日本に帰国すると、神戸製鋼所に入社。しかし、サラリーマン生活は約3年で終わる。82年、父の晋太郎が中曽根内閣で外務大臣に就任したのを機に父の秘書に転身したのだ。

父の元で政治の世界を学び政治家を志す

この時の晋太郎と晋三との親子のやりとりが、安倍晋三の本『美しい国へ』（文春新書）では、こう描かれている。

「オレの秘書になれ」「いつからですか」「あしたからだ」「わたしにも会社があります。これでも年間数十億ぐらいの仕事はしているんです」「オレが秘書官になった時は、1日で新聞社をやめた」

こうして晋三は、父の秘書として政治の世界へと足を踏み入れることにな

西暦	安倍晋三の経歴	日本の主な動き	世界の主な動き
1953			朝鮮戦争休戦
1954	安倍晋太郎、洋子夫妻の次男として生まれる	第五福竜丸事件 自衛隊発足	
1958		東京タワー完成	
1959		伊勢湾台風、安保闘争	キューバ革命
1960			ベトナム戦争勃発
1968		全共闘運動・大学闘争	
1969		東京大学安田講堂占拠	アポロ11号が人類初の月面着陸
1970		よど号ハイジャック事件 三島由紀夫割腹自殺	
1972		あさま山荘事件	
1973		第一次オイルショック	第四次中東戦争
1976		ロッキード事件	
1977	3月、成蹊大学法学部政治学科卒業	国民栄誉賞が創設され、王貞治が受賞	
	4月、米国カリフォルニア州ヘイワードの英語学校に入学。その後、ロングビーチの語学学校に転校		
1978	4月、南カリフォルニア大学に入学	日中平和友好条約調印 成田空港開港	
1979	南カリフォルニア大学を中退	第二次オイルショック	イラン革命
	株式会社神戸製鋼所入社		
1982	神戸製鋼所退社、外務大臣（実父・安倍晋太郎）秘書官に就任		
1986		男女雇用機会均等法施行	
1987	6月、昭恵と結婚	国鉄民営化	
1989		昭和から平成へ 消費税スタート	天安門事件（第二次） マルタ会談・東西冷戦終結
1990			イラクがクウェートへ侵攻（湾岸戦争）
1991		バブル崩壊	湾岸戦争終結 ソ連崩壊

る。28歳の決断だった。以後、安倍晋三は91年に晋太郎が67歳で死去するまでの約8年半の間、父の下で「帝王学」を学ぶことになる。

父の印象について、安倍晋三はこう書いている。

「父は、世間的には温厚でおだやかという印象でとおっていたが、仕事にはたいへん厳しく、けっして手を抜くことはなかった。朝早くから国会にでかけ、夜は会合で遅くなる。休・祝日は、地元の山口県にもどるか、講演や遊説で全国を飛び回っていた。

だから、秘書になるまで、親子の会話は、かぞえるほどしかなかった。父とわたしは、わたしが秘書になることによってはじめて、政治家と秘書、そして親子としての濃密な時間をもつことになったのである」(『美しい国へ』)

晋太郎は、中曽根政権後の「ポスト中曽根」レースで壮絶な権力闘争の末敗れ、その後、病魔に襲われ、志半ばで悲運の死を遂げる。この時、晋太郎とともに歩んできた晋三は、父が果たせなかった夢、総理大臣という夢の実現をはっきりと見定めたに違いない。

93年の衆院選に晋三は山口県から出馬、初当選する。00年には第2次森内閣で内閣官房副長官に就任。01年の第1次小泉内閣でも同職を引き継ぎ、03年、自民党幹事長に就任し、小泉の「サプライズ人事」として注目された。

05年には、第3次小泉内閣で内閣官房長官に抜擢され、初入閣。06年、小泉の任期満了に伴う自民党総裁選に出馬し、麻生太郎、谷垣禎一を大差で破って勝利、同年開かれた臨時国会で第90代内閣総理大臣に指名されている。52歳の首相の誕生は、戦後最年少。戦後生まれとしては初の首相となった。

頂点に登り詰めてからの波乱の人生

しかし、好事魔多し。第1次安倍内閣では、教育基本法改正や防衛庁の省昇格などを実現させたが、閣僚のスキャンダルが相次ぎ、内閣支持率が急降下。自身の健康問題などもあり、07年の国会開会中、衆院代表質問の直前に突如退陣表明した。安倍政権発足からわずか1年だった。

その後、民主党に政権交代するも民主党の失政続きにより、自民党が再び待望されるなか、12年の総裁選で奇跡的な総裁返り咲きを果たす。同年12月の衆院選による自民党大勝を受けて、5年ぶりに総理大臣に就任した。首相の再就任は、吉田茂以来、64年ぶりだった。

西暦	安倍晋三の経歴	日本の主な動き	世界の主な動き
1993	衆議院議員に初当選 （旧・山口１区）	皇太子婚約・結婚	EU発足
1995		阪神・淡路大震災 地下鉄サリン事件	
1997		消費税5%に引き上げ	
1999	衆議院厚生委員会理事に就任 自由民主党社会部会長に就任	iモードサービス開始	
2000	内閣官房副長官に就任 （第２次森内閣）		
2001	内閣官房副長官に就任 （第２次森改造内閣）		アメリカ同時多発テロ
	内閣官房副長官に就任 （第１次小泉内閣）		
2002	内閣官房副長官に就任 （第一次小泉改造内閣）	FIFAワールドカップ・ 日韓大会	EU域内12カ国、 通貨をユーロに統合
2003	自由民主党幹事長に就任	地上デジタル放送開始	イラク戦争開戦 フセイン政権崩壊 フセインが米軍に 拘束される
2004	自由民主党幹事長代理・党改革推 進本部長	新潟県中越地震	
2005	内閣官房長官 （第３次小泉改造内閣）	個人情報保護法	
2006	第90代内閣総理大臣に就任	小泉純一郎が第89代内閣 総理大臣を辞任 ライブドアショック	北朝鮮がテポドン発射実験 フセイン元大統領の死刑 執行
2007	内閣総理大臣を辞任	郵政民営化	
2008		リーマンショック	リーマン・ブラザーズが 破綻
2009		第45回衆議院議員総選挙 で民主党圧勝。民主党、 社会民主党、国民新党の 3党連立内閣が誕生	バラク・オバマが黒人初の アメリカ合衆国大統領に 就任
2011		東日本大震災	
2012	自由民主党総裁に選出 第96代内閣総理大臣に就任	第46回衆議院議員総選挙 で自民党が政権奪回	
2014	第97代内閣総理大臣に就任	消費税8%に引き上げ	

戦後最年少総理
安倍晋三が育った時代――

1954年生まれの安倍晋三は、「団塊の世代（1947～49年生まれ）」と「バブル世代（65～69年生まれ）」に挟まれた「しらけ世代」とも呼ばれる。政治的無関心が広まり、しらけムードが広がった時代。どんな青春時代を過ごしたのか。

安倍晋三が生まれてから政治家になるまでの前半生は、日本はどんな時代だったのか。生まれた1954年、柔道の木村政彦と相撲出身の力道山がプロレスで対決、圧勝した力道山の「空手チョップ」が流行語に。3年前から千葉県で行方不明だった天才画家・山下清（当時31歳）が鹿児島県で発見された。政治では、造船疑獄と呼ばれる汚職事件が起きたが、犬養法相の指揮権発動で潰れている。

少年時代は高度経済成長真っ盛り

1957年から1964年までは高度経済成長真っ盛りの時代。

5歳の1959年は、皇太子と正田美智子さんの結婚パレードがテレビで生中継され、「ミッチーブーム」が起きる。中継1週間前までにテレビが200万台売れた。伊勢湾台風が襲来し、愛知、三重を中心に死者・行方不明者が5000人を超えた。天覧試合の巨人・阪神戦で王選手に続き長嶋選手がサヨナラホームラン、ON時代の幕開けとなった。

10歳の1964年は、東京オリンピック開催。日本は16個の金メダルを獲得した。新幹線が開通し、羽田空港行モノレールも開通した。海外観光旅行が自由化。NHKでカラー人形劇『ひょっこりひょうたん島』の放映が始まった。

1965年から72年は、一億層中流時代。66年にはビートルズが来日公演、社会現象となる。67年、『国民

焼け跡世代　1934〜1946
野坂昭如が用いた「焼け跡派」に由来。政治的な関心が高く、意識の高い世代とされる。

団塊の世代　1947〜1949
戦後の第1次ベビーブーム生まれの世代。高度経済成長とともに育ち、青春時代に学生運動が盛り上がる。ビートルズ世代とも。

しらけ世代　1950年代〜1960年代前半
学生運動が下火になった頃に学生時代を過ごした世代。「無気力・無関心・無責任の三無主義」などと言われた。

バブル世代　1965〜1969
バブル景気の1986〜1991年に就職活動を行った世代。消費に積極的な世代とされる。

氷河期世代　1970〜1982
「就職氷河期」と呼ばれる1993〜2005年に就職活動を行った世代。ロスジェネ世代とも。消費に消極的と言われる。

ゆとり世代　1987〜2004
「ゆとり教育」を受けた世代。おっとりして従順だが競争力がないなどと言われる。

経済白書』が発表され、国民の半数が中流意識をもっていると明記された。一方で核家族化が本格化するのもこの頃だ。

16歳の70年は、大阪で日本万国博覧会。「人類の進歩と調和」をテーマに、入場者数はのべ6400万人を超えた。事件としては、赤軍派が日航機「よど号」をハイジャック、北朝鮮に飛び立った。作家の三島由紀夫が東京市谷自衛隊に乗り込み、バルコニーから演説後、割腹自殺した。

20歳の74年、イスラエルの「超能力者」ユリ・ゲラーがテレビ番組に登場、スプーン曲げが話題に。五島勉著『ノストラダムスの大予言』がベストセラーになるなど、オカルトブームが続いた。政治では、田中角栄首相の金脈問題を雑誌『文藝春秋』が追及、田中首相を辞任に追い込んだ。

80年代後半から90年、日本はバブル景気に沸いた。

30歳の84年は、冒険家の植村直己が北米マッキンリーで冬季単独登頂に成功後、消息を絶つ。日本人の平均寿命が男74・2、女79・8と男女そろって世界一に。「チューハイ」が爆発的人気となり、学生の間では、「イッキ！イッキ！」との掛け声でチューハイを飲み干す「イッキ飲み」が大流行した。事件では、グリコ・森永事件が発生した。

そして、バブル崩壊期まっただ中の93年に政治家デビュー。政治家となって1年後、40歳の94年は、『家なき子』が高視聴率を記録、「同情するならカネをくれ」が流行語に。「お立ち台」で一世を風靡した「ジュリアナ東京」が閉店し、世俗でのバブル崩壊を印象付けた。

三浦雄一郎さんの80歳でのエベレスト登頂。素直に感動しました。『夢を見て、あきらめず実行すれば、夢がかなう。』。(中略)私の成長戦略も、同じです

(2013年6月5日、内外情勢調査会「成長戦略第3弾スピーチ」より)

政治家として、諦めない気持ちを表現したかったのだろうか。だが、政治はあくまでも結果であり、結果が悪くて精神論を強調しても意味がない。登頂に失敗して死亡するのは個人だが、一国の首相が足を踏み外せば、日本国民が道連れとなる。三浦さんの登山と安倍の政治が、同じであるはずがない。

韓国人に筆舌に尽くし難い苦しい過去を経験させたことなど、彼らの気持ちを考えれば非常に心が痛む。しかし、歴史問題については基本的に歴史家に委ねるべきだ。政治は未来について語るべきだ

(『月刊朝鮮』2013年4月号インタビュー)

安倍首相は過去の戦争相手国の国民感情に配慮する姿勢を見せている。しかし過去と未来は別だという。こんな都合の良い発言はない。安倍首相は今年、戦後70年の節目にあたり、「村山談話」や「小泉談話」につづく「安倍談話」の発表に意欲を見せている。ならばいっそこの発言通り、過去は歴史家にまかせて談話発表は撤回したらどうか。

自民党のライバルであった社会党は、残念ながらその後、消滅しました

(2015年1月7日、時事通信主催の新年互礼会で)

この発言に続き、「完全消滅ではもちろんございませんが」と慌てて打ち消したが、本音だったのだろう。2014年12月の解散総選挙で自民党は圧勝し、野党はほぼ壊滅状態。安倍首相の余裕が感じられる。社会党は1996年に社民党に改名し、存続している。この会合には社民党の吉田忠智党首も出席していたという。

私が安全を保証します。状況はコントロールされています

(2013年9月7日、IOC総会でのスピーチ)

2020年の東京オリンピック招致活動で、東京開催を大きく決定づけたとされる原発事故に関する安倍首相のスピーチ。英語力はともかく、首相はこの時、「健康に対する問題はない。今までも、現在も、これからもない」とも発言した。事故後の原発が制御不能であることは「現在も、これからも」変わらない。歴史に残る大嘘発言。

IS(イスラム国)と戦う周辺諸国に総額で2億ドル(約235億円)程度、支援を約束します

(2015年1月17日、訪問先のエジプトでの演説)

過激派組織ISによる日本人2人殺害事件。IS側は、この安倍発言を受けた形で、「日本は進んで十字軍に参加を約束した」などとする声明を発表。同額の身代金を要求し、一時膠着状態が続いたものの、結局2人を殺害した。安倍発言は、難民支援などの人道支援に対する表明だったが、国会などで問題視された。

そりゃ、聞き捨てなりません

アベノモンダイハッケン録

思わず本音がポロリ……、うっかり口が……、それ本気!?
一国の首相としていかがなものかと思われる問題発言をピックアップ

最高責任者は、私だ。政府答弁に責任をもって、そのうえで国民の審判を受ける。審判を受けるのは内閣法制局長官ではない。私だ
（2014年2月12日、衆院予算委員会で）

憲法改正ではなく憲法解釈の変更で集団的自衛権の行使容認を目指していた安倍首相。予算委員会でそれが可能かと問われ、こう答弁した。通常、憲法解釈は内閣法制局が行うことになっている。安倍首相は内閣の長は自分だと言いたかったようだが、選挙に勝てば憲法解釈を自由に変えてもいいとの本音が見え隠れする。

私の第3の矢は、悪魔を倒す
（2014年6月30日、英紙「フィナンシャルタイムズ」寄稿文より）

この論文で安倍首相は、これまでの日本の経済システムを悪魔（鬼）に例えて批判し、自分の経済政策アベノミクスは悪魔（鬼）を倒すためにあると主張した。悪魔とされたのは、高い法人税や、農業、医療分野の規制などだ。大企業にはお金儲けをしやすく、もともと国民生活の利益を守るためにあった規制は取っ払うのなら、悪魔はどっち？

タカ派とかハト派とかはあまり意味のない言葉だ。非常に古い世代の人たちが発する言葉であって、日本人の一人の命もおろそかにしないということでタカ派といわれるのであれば、それはそうなんだろうと思う
（2003年9月25日朝日新聞「自民党・安倍幹事長に聞く」より）

記者に「タカ派と言われることをどう思うか」と聞かれ、安倍首相の答えがこれ。一般に、タカ派とは相手との間で何らかのトラブルが起きたとき、対話よりも武力での解決を辞さない強硬派をさす。「日本人の一人の命もおろそかにしない」のは、前提としてどの歴代政府にも共通するわけで、それをタカ派と解釈する頭脳が意味不明。

憲法はまさに日本人が自らつくったものではなく、GHQによって1週間余りでつくられたものです。（中略）憲法に国民生活を合わせる必要はなく、合わない部分があれば変えるなり、削除すればいい
（『安倍晋三対論集――日本を語る』より）

安倍首相の憲法観がよく出ている。安倍首相が目指す「戦後レジームからの脱却」とは、戦後に出来上がった政治の枠組みを意味するが、その枠組みを決定づけているものが憲法だ。安倍首相は、憲法がいまの日本人の国民生活に合わなくなっていると考えている。しかし憲法に生活の不自由を感じている国民がどれだけいるのか。

好物からプライベートまで キーワードで見る安倍晋三

インタビューやツイッター、フェイスブックなどにちりばめられたキーワードから、安倍首相の意外な一面に迫ってみよう。

◎愛読書【あいどくしょ】

「愛読書は」と聞かれ、安倍首相がこれまでに挙げた本は司馬遼太郎『世に棲む日日』、遠藤周作の『沈黙』などだ。『世に棲む日日』は安倍首相が尊敬する長州幕末の志士・吉田松陰とその弟子たちを主人公にした歴史小説だ。近年では、作家・百田尚樹の『海賊とよばれた男』がお気に入りのようで、2013年に同書が本屋大賞を受賞した際、祝福のメッセージを披露している。

◎居酒屋「UZU」【いざかやうず】

安倍首相の妻・安倍昭恵夫人がオーナーの和食居酒屋。2012年のオープン直後は昭恵夫人本人も姿を見せていたが、警備上の理由で現在は自粛しているらしい。一時は「反原発の運動メンバーがよく来ている」などの噂も。山口県の食材を使った自然食志向のお店。東京・神田の裏路地にある。「食べログ」などでは星3つ～4つと高い評価を受けている。

◎英語力【えいごりょく】

成蹊大学卒業後はアメリカ留学の経験もあり、父・晋太郎が外相だった時期には秘書として同行し、英語に触れる機会も多かった安倍首相。実際の英語力はどれくらいあるのか。安倍首相周辺によると、「少しは話せるが、複雑な会話はできない」。総理就任以来、「地球儀を俯瞰する外交」を展開する安倍首相だが、流暢な英語で外交とはいかないようだ。2014年の国連総会の演説のスピーチは、ほとんどカタカナの棒読みだった。

◎持病【じびょう】

2007年9月、開会中の国会の代表質問直前に突然、退陣表明した安倍首相。「政権投げ出し」とマスコミから批判されたが、原因は持病の「潰瘍性大腸炎」であることが後に明らかになった。大腸粘膜が炎症を起こし、下痢や腹痛、粘血便などの病状が出る。辞任表明の数カ月前から胃や腸に痛みを感じ、下痢などの症状が悪化していた。精神的なストレスも原因のひとつとされる。2009年に特効薬「アサコール®」が発売され、安倍首相は今も服用しているとされる。

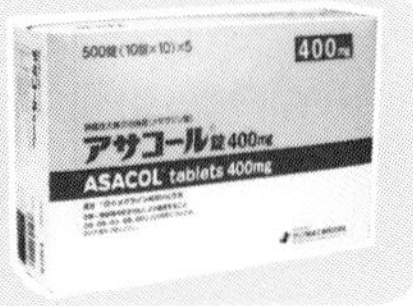

ゼリア新薬工業の「アサコール®」。潰瘍性大腸炎の従来の治療薬であるサラゾスルファピリジンの副作用を解消するために開発された。

◎自宅生活【じたくせいかつ】

安倍首相は昭恵夫人と母・洋子氏と共に東京渋谷区・富ヶ谷の私邸で生活している。総理大臣は通常、首相官邸に隣接する首相公邸で生活するが、第2次安倍政権から現在まで、公邸で生活をする気配はまったくない。一説には昭恵夫人が公邸入りを拒んでいるのが理由とも言われるが、真偽は不明。現在の首相官邸は1929年に建設され、その後に起きた5・15や2・26などの血なまぐさい事件の舞台ともなった。このため「公邸に幽霊が出る」との噂が広がり、この噂を気にしているとの説もある。

◎好きな食べ物【すきなたべもの】

アイスクリーム、ラーメン、焼肉、ハヤシライス、寿司などが大好物なことはよく知られていたが、持病が明らかになってからは、冷たいモノはあまり食べていない様子。有名なところでは、有楽製菓のチョコレート菓子「ブラックサンダー」が大好物。ナポリアイスクリームの「PUPU」と東京・両国の洋菓子店「MARRY'S」のマンゴープリンも大好きといわれる。首相動静には、高級店の会合が記録されているが、料理別では、ふぐ料理、燻製専門店、しゃぶしゃぶ、フレンチなどが目立つ。

フェイスブックでも「銘菓」と表現するほど好物の「ブラックサンダー」。昭恵夫人はバレンタインに自身の顔をプリントした「My ブラックサンダー」をプレゼントした。

◎好きなタレント【すきなたれんと】

西田ひかるとアグネス・チャンの2人が有名。西田ひかるは安倍首相本人が「大ファン」と公言し、2013年に行われたデビュー25周年記念ライブの会場に安倍首相自ら花束を贈っている。アグネス・チャンとは政治家になる前からの友人で、今もプライベートな付き合いが続いているようだ。

著書再読
安倍さんの考える〝美しい国〟って？

安倍首相は今から9年前の06年7月、文藝春秋から『美しい国へ』という新書を出版している。著者略歴にある通り、「初の本格的な単著」だ。内容は自らの政治信条を明らかにしたもので、安倍晋三という政治家を知るうえでの〝第一級資料〟だ。

（もくじ）

第1章　わたしの原点
第2章　自立する国家
第3章　ナショナリズムとはなにか
第4章　日米同盟の構図
第5章　日本とアジアそして中国
第6章　少子国家の未来
第7章　教育の再生

あとがきにはこう述べられている。

「本書は、いわゆる政策提言のための本ではない。わたしが十代、二十代の頃、どんなことを考えていたか、わたしの生まれたこの国に対してどんな感情を抱いていたか、そしていま、政治家としてどう行動すべきなのか、を正直につづったものだ」

全部に触れる余裕はないので、ここでは第1章「わたしの原点」と、第4章「日米同盟の構図」に絞り、安倍晋三という政治家を形作ったと思われるエピソードを中心に紹介する。

「わたしの原点」では、幼い頃から父の秘書となり、代議士になるまでを振り返りながら、その時々に見聞きしたことについて正直な感想を述べている。

6歳の時のことだ。2歳違いの兄と一緒に東京・渋谷にある祖父岸信介の家によく遊びに行った。当時は60年安保闘争の真っ只中。首相官邸や国会議事堂には連日、安保条約に反対する市民らの大規模なデモ行進が繰り広げられていた。岸の自宅にもデモが押し寄せ、外に出られない岸はよく晋三らを自宅に呼んだという。

晋三にはデモ隊の声がお祭りの囃子のように聞こえ、ふざけて「アンポ、ハンタイ、アンポ、ハンタイ」と足踏みすると、父や母から「アンポ、サンセイ、といいなさい」と冗談交じりにたしなめられた。祖父はそれを愉快そうに見ていた。安倍首相の記憶では、祖父に「アンポって、なあに」と聞くと、「日本をアメリカに守ってもらうための条約だ。なんでみんな反対するのかわからないよ」と答えたという。

安倍首相はこの時の体験を振り返りながら、こう書いている。

「祖父は、幼いころからわたしの目には、国の将来をどうすべきか、そればかり考えていた真摯な政治家としか映っていない。それどころか、世間のごうごうたる非難を向こうに回して、その泰然とした態度には、身内ながら誇らしく思うようになっていった。

間違っているのは、安保反対を叫ぶかれらのほうではないか。長じるにしたがって、わたしは、そう思うようになった」

保守政党、自民党の存在意義を問う

祖父の影響もあって、安倍首相は「保守主義」の政治家になる。安倍首相によれば、「保守」とは「イデオロギーではなく、日本および日本人について考える姿勢のこと」だ。

ところで、保守政党である自民党は1955年の「保守合同」によって生まれた政党だ。吉田茂の自由党と鳩山一郎の日本民主党が合併し、自由民主党となった。安倍首相は、2つの保守党が合併した理由について、①戦争で疲弊した日本経済を立て直す、②日本が本当の意味での独立を取り戻す――ことだと書いている。このうち、①の経済は高度成長によって達成したが、②の日本の真の独立はいまだ達成されていないとの認識だ。

つまり、憲法をはじめとした戦後日本の枠組みはアメリカの占領下時代につくられたものだから、今度は日本国民自らの手で憲法を作り変えなければならない。憲法改正である。安倍首相がよく口にする「戦後レジームからの脱却」や、選挙の際の「日本を取り戻す」といったスローガンは、抽象的に見えるが、具体的には憲法改正とみて間違いない。安倍首相が代議士となったのは93年、38歳だ。憲法改正、つまり「自主憲法の制定」が安倍首相の究極目標であることは、1年生議員の時の行動で早くも明らかになる。

当時、1955年の保守合同以来、38年間続いた自民党政権が崩壊。代わって細川護熙、羽田孜の非自民政権が誕生していた。その後、自民党は安全保障政策で相容れない社会党と組んで再び政権を奪取する。政権復帰後、自民党内では結党以来の党是を見直す「党基本問題調査会」が開かれる。そこでまとまった「自由民主党新宣言」案では、党是であった「自主憲法の制定」の文字が消えようとしていた。

安倍首相はこう書いている。

「わたしはとうてい納得できなかった。なぜなら、それこそが自由民主党の存在意義のひとつといってよかったからだ。

まだ1年生議員だったが、中川昭一議員を中心に、同じ意見をもつ仲間たちと大反対した。再度の議論がおこなわれ、修正が施されたものの、なんとかわたしたちの意見は反映されることになった。こうして新宣言にとりいれられたのが《21世紀に向けた新しい時代にふさわしい憲法のあり方について、国民と共に議論を進めていきます》という文言である」

この時、安倍首相は「原点」に返り、「目的」を再認識し、「確固たる信念をもち、たじろがず、批判を覚悟で臨む」と、決意を新たにした。

善し悪しは別にして「原点」に忠実な男

第4章「日米同盟の構図」では、この「原点」を踏まえたうえで、安倍首相のアメリカ観、日米同盟に対する基

完全版って何が違うの？

『美しい国へ』は13年1月、『美しい国へ　完全版』として改訂され、7年ぶりに新たに出版された。旧版との違いは、新たに「増補　最終章　美しい国へ」を加えたことだ。最終章は、「デフレ退治と日銀改革」「成長戦略をどう描くか」「『瑞穂の国』の資本主義」「日本を、取り戻す」など6パート。従来の主張が繰り返されているが、77年に日航機がハイジャックされ、犯人の要求をのんで服役囚を釈放したダッカ事件の政府対応について、安倍首相はテロリストに屈したと断罪。これは、過激派組織ISの日本人殺害事件で身代金に応じなかった姿勢につながっている。

本的な考え方、日本の国防、自衛隊、集団的自衛権に関する見解などが披露されている。

このうち、日米同盟について安倍首相は「必要」と強調する。60年安保条約改定は「駐留軍を、占領軍から同盟軍に変える、いいかえれば、日本が独立を勝ち取るための過程だった」とする一方で、「しかし同時に日本は、同盟国としてアメリカを必要としていた」という。独力で国を守ることができなかったから、というのがその理由だ。

そして、安倍首相はこう言い切る。「その状況はいまも変わらない。自国の安全のための最大限の自助努力、『自分の国は自分で守る』という気概が必要なのはいうまでもないが、核抑止力や極東地域の安定を考えるなら、米国との同盟は不可欠であり、米国の国際社会への影響力、経済力、そして最強の軍事力を考慮すれば、日米同盟はベストの選択なのである」

「同盟」と言う以上、関係は対等でなければならない。米国には集団的自衛権があり、日本には集団的自衛権はない。これは対等関係とはいえない。だから、安倍政権は14年、集団的自衛権を行使できると閣議決定した。これまでの政府の憲法解釈を変えてしまったのだ。そもそも日本は、国を守る以前に、争いごと自体を憲法によって放棄している。だからこそ、安倍首相は憲法のほうを変えてしまえばいいと考える。ここでもまた、憲法改正の問題が浮かび上がってくる。

安倍晋三という政治家は、ブレていない。『美しい国へ』を読めば、安倍首相が驚くほど「原点」に忠実な政治家であることがよく理解できる。その「原点」が良いか悪いかは別として。

本書への批判あれこれ

まえがきで安倍首相は「（本は）私の政治家として根本姿勢です」とお墨付きを与えている。そんな彼の政治姿勢を批判する言説は多いが、中でも痛烈な批判を展開しているのが、日本総合研究所の藻谷浩介氏だ。藻谷氏は全国の地域をくまなく歩くフィールドワーカーでもあり、採取するデータに定評がある。安倍政権の「地方創生」だけでなく、経済政策全般で意見が対立する。１４年９月の新聞紙上では、アベノミクスを「集団幻想」と一蹴、「経済的な“反日”の極み」とこき下ろした。これを知った首相は「アイツだけは許せない」と敵意をあらわにしたという。

各国が注目する
首相の歴史認識

戦後70年「安倍談話」は各国を納得させられるか

2014年末、第3次安倍内閣が発足した。安倍首相は引き続き経済政策「アベノミクス」を推進する一方、今後は憲法改正の実現や安保法制の整備など政治課題にも取り組む。だが、中国や韓国など隣国の反発は必至だ。

安倍首相は第2次安倍内閣発足から丸1年となる13年12月、靖国神社に参拝した。「内閣総理大臣」としての公式参拝で、現職首相の参拝は06年の小泉首相以来、7年ぶり。安倍首相は「国のために戦い、尊い命を犠牲にされた御英霊に対し、哀悼の誠を捧げるとともに、尊崇の念を表し、御霊安らかなれとご冥福をお祈りした」と説明。「もとより、中国、あるいは韓国の人々の気持ちを傷つける考えは毛頭ございません」と強調した。

しかし、中国、韓国は猛反発。中国外務省の高官は「中国人は絶対に受け入れられない。参拝は新たに重大な政治的障害を生む。日本は引き起こした結果に責任を負わなければならない」と批判。韓国政府の高官も「日本側の信頼と誠意が疑われる。関係は回復することなく悪化するだろう」と厳しく非難した。また、突然の参拝についてアメリカ政府も大使館のホームページに「失望した」などとする声明を発表した。中国、韓国が反発した理由ははっきりしている。東京裁判における「A級戦犯」たちが合祀される靖国に参拝することは、彼らを英霊として崇めることにつながるからだ。その行為は、先の戦争を肯定することに等しい。

だが、安倍首相の「A級戦犯」に対する認識は、中国や韓国のそれと大きくくい違う。安倍首相は『美しい国へ』の中で、「A級戦犯」について、「(戦争の)指導的立場にいたからA級、と便宜的に呼んだだけのことで、罪の軽重とは関係がない」と書いている。そ

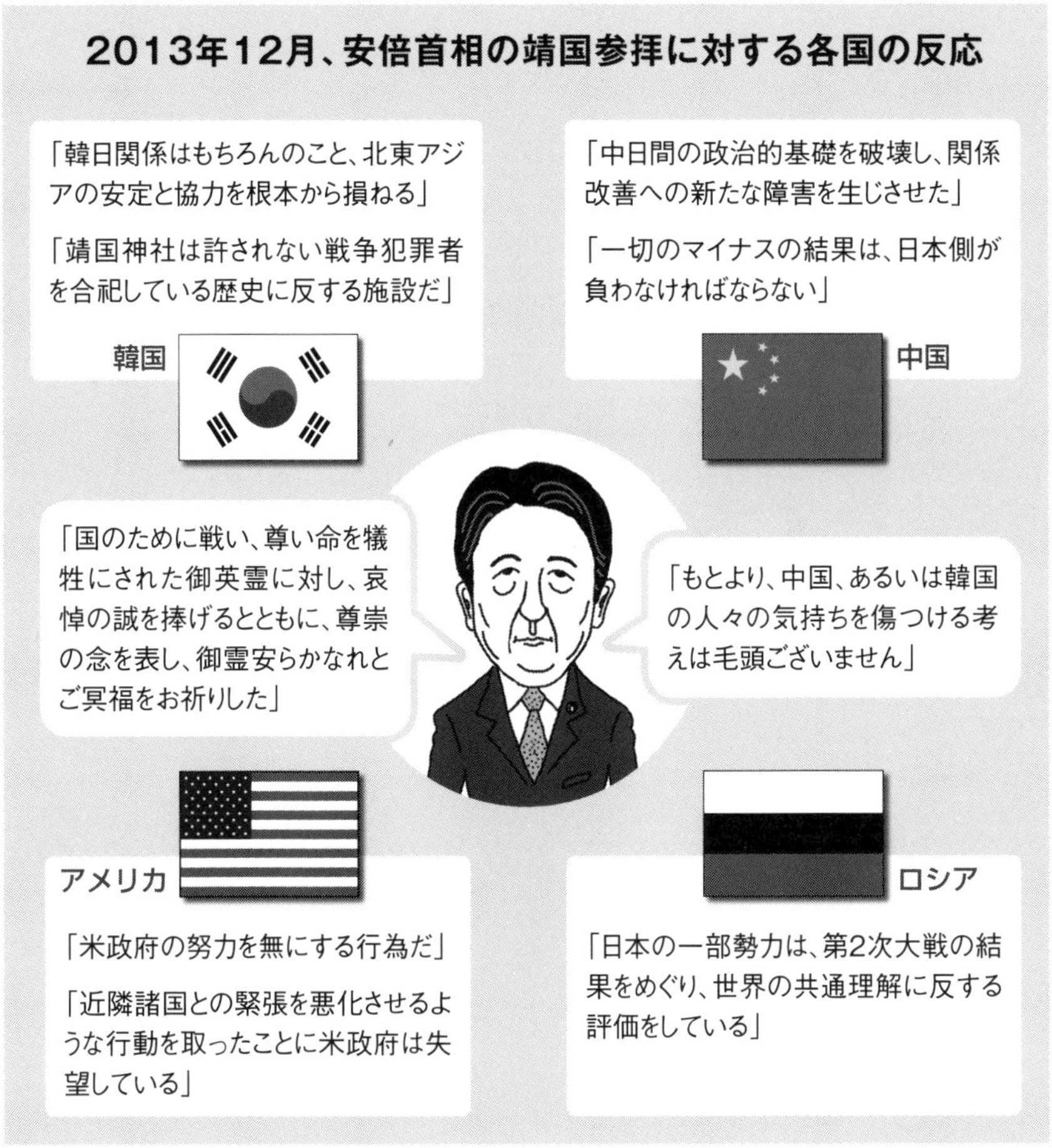
2013年12月、安倍首相の靖国参拝に対する各国の反応
「韓日関係はもちろんのこと、北東アジアの安定と協力を根本から損ねる」
「靖国神社は許されない戦争犯罪者を合祀している歴史に反する施設だ」
韓国
「中日間の政治的基礎を破壊し、関係改善への新たな障害を生じさせた」
「一切のマイナスの結果は、日本側が負わなければならない」
中国
「国のために戦い、尊い命を犠牲にされた御英霊に対し、哀悼の誠を捧げるとともに、尊崇の念を表し、御霊安らかなれとご冥福をお祈りした」
「もとより、中国、あるいは韓国の人々の気持ちを傷つける考えは毛頭ございません」
アメリカ
「米政府の努力を無にする行為だ」
「近隣諸国との緊張を悪化させるような行動を取ったことに米政府は失望している」
ロシア
「日本の一部勢力は、第2次大戦の結果をめぐり、世界の共通理解に反する評価をしている」

のうえで、１９５１年の当時の法務大臣の「国内法の適用において、これ（Ａ級戦犯）を犯罪者と扱うことは、いかなる意味でも適当でない」との国会答弁を引き合いに、「Ａ級戦犯」は国内法では犯罪者とみなされないとの認識を示した。

　以上のように、安倍首相は、自らの靖国参拝の目的については「哀悼の誠」と心情面を訴える一方で、「Ａ級戦犯」については法解釈によって近隣諸国の批判をかわそうとしている。だが、これには無理がある。「哀悼の誠」は理解できるとしても、戦争は二国間以上の間で起きている。それを自国の国内法で犯罪者として扱われないからといって、「戦死者」と「Ａ級戦犯」を一緒くたにするのは、戦争相手国には通用しない。むしろ、かえって自国の戦死者を冒涜するものではないか。

各国の注目が集まる 戦後70年「安倍談話」の内容

安倍首相の歴史認識で今後、最大の焦点となるのは、戦後70年の節目である今年15年に出す「安倍談話」だ。これまでの戦争に関する首相談話には、戦後50年にあたる95年に村山元首相が出した「村山談話」と、戦後60年にあたる05年に小泉元首相が出した「小泉談話」がある。現時点で、安倍首相が過去の首相談話に盛り込まれた歴史認識をどこまで継承するのかは、はっきりしていない。

「村山談話」と「小泉談話」の文面には、ほぼ共通した歴史認識が示されている。ともに、太平洋戦争中の日本について「植民地支配と侵略」があったと明記したうえで、アジア諸国に対し「多大な損害と苦痛を与えた」との認識だ。そして、日本として「痛切な反省の意」と「心からのお詫びの気持ち」と表明している。

安倍首相は「安倍談話」でどのような歴史認識を示すのか。これまで安倍首相は、「村山談話」などについて「全体として受け継ぐ」と述べている。だが、個別の文言になると、明言を避けてきた経緯がある。

「安倍談話」は 過去の首相談話を継承しない？

安倍首相が個別の文言について一歩踏み込んだ発言をしたのは、15年1月下旬のＮＨＫの討論番組だった。「安倍談話」について聞かれると、こう述べた。

「今まで重ねてきた文言を使うかどうかではなく、安倍政権としての70年をどう考えているかという観点から出したい」

この発言は、「村山談話」や「小泉談話」で継承された「植民地支配と侵略」「心からのお詫び」などといった文言をそのまま継承することに否定的な考えを述べたと報じられている。さらに安倍首相はこうも語っている。

「今までのスタイルを下敷きとして（「安倍談話」を）書くことになれば、『使った言葉を使わなかった』『新しい言葉が入った』というこまごまとした議論になっていく。そうした議論にならないよう（中略）新たに出したい」

これは、過去の細かい文言まで踏襲するつもりはないとの姿勢をはっきり打ち出したとみてよい。

ところで、「小泉談話」は「村山談話」を基本的に継承した形だが、違いもある。「村山談話」にはあった「国策を誤り」との文言が「小泉談話」では消えた。日本が「国策を誤」って戦争に

総理大臣談話とは？
ある事柄に対する総理大臣の見解を表すもの。談話とは本来、非公式、あるいは形式張らずに意見を述べることを言うが、総理大臣談話の場合は、ある出来事に対してお見舞い、哀悼、祝意といった国の姿勢を表明するものとして各国から重要視される。国会の審議を経ずに発表される場合もあれば、閣議決定のうえで発表されることもある。

戦後70年　安倍談話　(2015年)
- 村山、小泉談話の認識を基本的に受け継ぐことを表明。
- 今までの文言を踏襲するよりも、安倍政権としての見解を示す姿勢を表明。

戦後60年　小泉談話　(2005年)
- 村山談話を継承し、各国に対する謝罪を表明。
- 村山談話の際に「具体的にどの政策が」と争点となった「国策の誤り」については削除されている。

戦後50年　村山談話　(1995年)
- 各国への植民地支配と侵略について謝罪。
- 「国策を誤り」戦争に突入したことについて言及。
- 日本の公式な見解として、以降の内閣に引き継がれる。

突き進んだという歴史認識だ。

この点について、第3次安倍内閣が発足して初めての国会論戦となった15年1月末の衆院予算委員会で、注目すべき場面があった。民主党議員が「村山談話」の「国策を誤り」に触れ、「首相はわが国が国策を誤ったことはない、と考えるのか」と質したのに対し、安倍は「一つひとつの字句について論評するつもりはない」と述べ、明確に否定しなかった。これは、安倍首相自身の歴史認識の本音と、外交政策への影響との間で、安倍首相自身が揺れ動いていることを示している。

歴史認識のズレにシビアに言及する中・韓

こうした姿勢に対し、中国や韓国は異例の速さで反応した。中国外務省の報道官は「我々は日本政府と指導者が過去の侵略の歴史にどのような態度をとり、対外的にどんなメッセージを発するのか非常に注目している」と会見で述べたうえで、次のようにコメント。

「日本がこれまで歴史問題で表明した態度と約束を厳守するよう切に願う。（「安倍談話」が）侵略の歴史を否定または薄めて負の遺産を背負い続けるのか、侵略の罪を心から深く反省することで前に進むのか、中国も国際社会も注視している」

韓国外交省も「歴代内閣の歴史認識を本当に継承するなら、過去の傷を癒すことで周辺国との関係を改善し、国際社会の信頼を得られる誠意ある内容を盛り込むべきだ」と、クギを刺している。安倍首相と、中国や韓国との近隣諸国との間では、歴史認識をめぐり、歩み寄りの極めて困難な大きなズレがあることが、改めて浮き彫りになった。

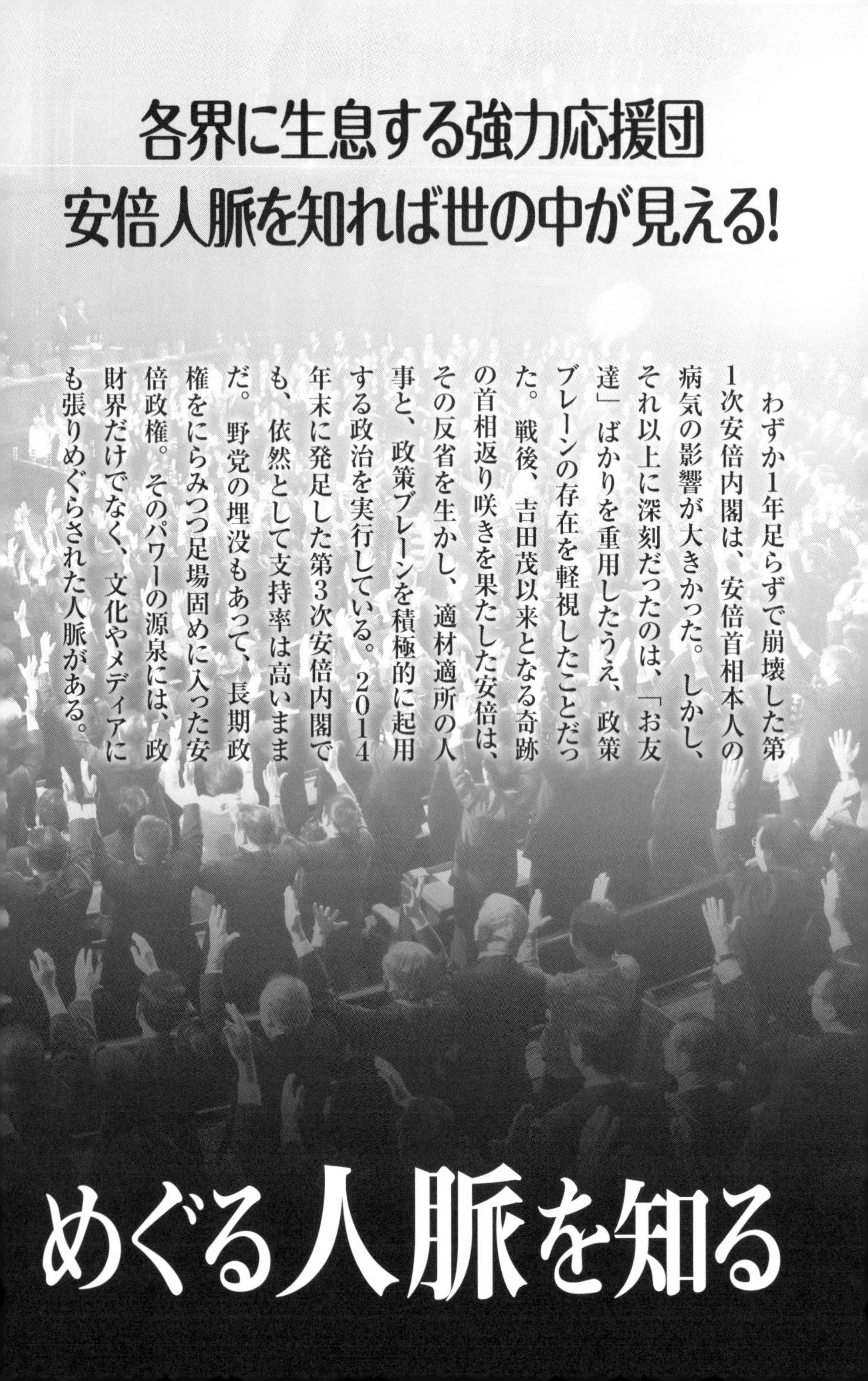

各界に生息する強力応援団
安倍人脈を知れば世の中が見える!

わずか1年足らずで崩壊した第1次安倍内閣は、安倍首相本人の病気の影響が大きかった。しかし、それ以上に深刻だったのは、「お友達」ばかりを重用したうえ、政策ブレーンの存在を軽視したことだった。戦後、吉田茂以来となる奇跡の首相返り咲きを果たした安倍は、その反省を生かし、適材適所の人事と、政策ブレーンを積極的に起用する政治を実行している。2014年末に発足した第3次安倍内閣でも、依然として支持率は高いままだ。野党の埋没もあって、長期政権をにらみつつ足場固めに入った安倍政権。そのパワーの源泉には、政財界だけでなく、文化やメディアにも張りめぐらされた人脈がある。

めぐる人脈を知る

2014年11月21日、衆院が解散され、衆議院本会議場で万歳三唱する議員たち

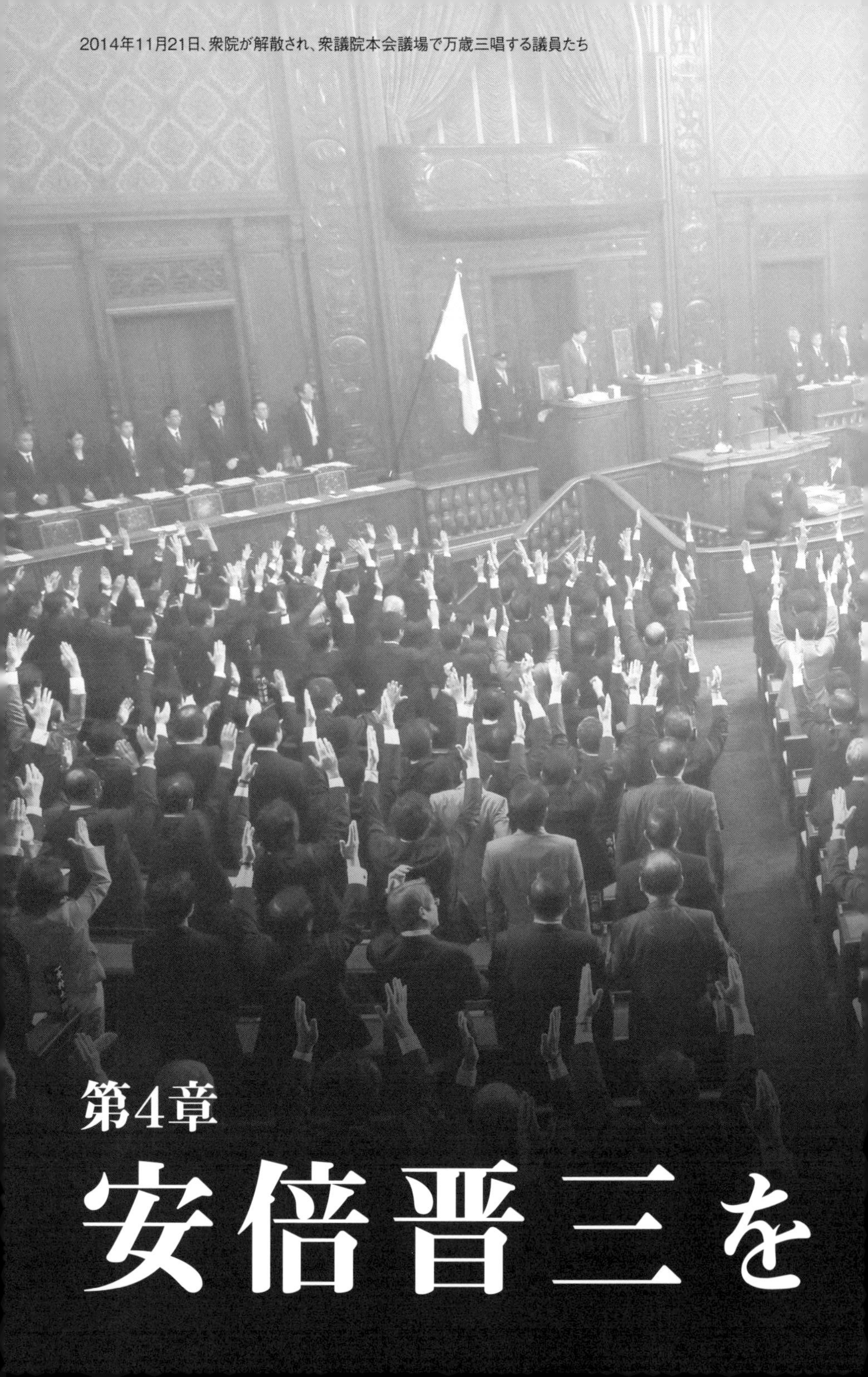

第4章

安倍晋三を

早くもボロボロ？

閣僚

安倍晋三と疑惑まみれの閣僚たち

“お友達内閣”と揶揄された第1次安倍内閣の反省を生かし、以降は政界人脈をフル活用した強力布陣を敷いた安倍首相。ところが、閣僚たちに次々と「政治とカネ」疑惑が浮上。いったいどういうことなの!?

「3A+1S」――。安倍氏が首相に返り咲いた第2次安倍内閣以降、永田町ではこんな言葉が頻繁に囁かれるようになった。安倍政権を牛耳るとされる4人組だ。その4人とは、安倍晋三首相、麻生太郎副総理兼財務相、甘利《あまり》明《あきら》経済再生担当相（以上3A）、菅《すが》義《よし》偉《ひで》官房長官（1S）をさす。

安倍首相以外の3人は、いずれも安倍氏の首相返り咲きに貢献した最大の立役者たちだ。菅官房長官は、自民党総裁選をにらんで安倍氏に再出馬を促し、安倍首相誕生までの筋道をつけた。麻生副総理兼財務相は「麻生派」の派閥領袖として総裁選でいち早く安倍支持を表明、安倍氏の当選を印象づけた。甘利経済再生担当相は、自身が所属する派閥の動向と一線を画し、安倍氏を支持した経緯がある。

3人のうちで最も安倍首相から信頼を得ているのは、菅官房長官だ。菅氏は安倍首相を支えながら、「自分が総理になるつもりはない」と明言し、ナンバー2に徹する意思を強くもっているようだ。安倍首相にとって、これほど頼もしい存在は他にいない。

ブルーカラーから叩き上げ ナイス女房役の菅官房長官

菅氏は1948年、秋田県出身。農業を営んでいた菅家の長男として生まれたが、家業を継ぐのが嫌で高校卒業と同時に上京。「集団就職で上京」と書かれることもあるが、経済的理由というよりは、単に田舎から出たかったというのが真相のようだ。

上京後は肉体労働から飲食店の皿洗いまで、仕事を転々とした。法政大学卒業後は民間会社に一時就職したが、衆院議員の小此木《おこのぎ》彦三郎《ひこさぶろう》氏の秘書に転じ

2014年12月、第3次安倍内閣の発足後、記念写真に収まる安倍首相と閣僚たち。第2次安倍改造内閣の18人の閣僚のうち、江渡聡徳（えとあきのり）氏に代わって防衛大臣に就任した中谷元（なかたにげん）氏を除く17人が再任された。このときは後に起こるスキャンダルなど予想すらできなかった……。

たのをきっかけに、政界に。小此木氏の秘書を11年間務めた後、87年に横浜市議会議員選挙に出馬して初当選。96年の衆院選で国会議員となった。06年の第1次安倍内閣では総務大臣、12年の第2次安倍内閣からは官房長官として安倍首相の女房役をこなしている。

派閥よりも思想を重視 官邸主導型の政治を目指す

もともと安倍首相の政界人脈は決して幅広いものではなかった。自民党内では清和政策研究会（清和会）に属し、近年では森（喜朗）派、町村（信孝）派と続き、そして現在は細田（博之）派の一員だが、政治家人生で派閥人脈が有利に働いたという事例はほとんどない。だからこそ、官邸主導型の政治を目指す安倍首相は、党内の派閥力学を中心に組閣するよりも、自らの政治理念に近い人材を集めることになった。

ただ、第1次安倍内閣では「お友達」ばかりを集めて失敗した経験もあり、首相返り咲き後は冒頭の「3A＋1S」を重要ポストに起用しつつ、絶妙なバランスで自らの政治理念に近い人材を積極的に起用している。

第3次安倍内閣を支える主要な閣僚メンバーを見てみよう。高市早苗総務大臣は安倍首相と初当選同期組で、「安倍ガールズ」の筆頭。塩崎恭久厚生労働大臣は第1次安倍内閣で官房長官を務めた側近中の側近だ。世耕弘成内閣官房副長官も第1次安倍内閣では首相補佐官（広報担当）を務め、第2次安倍内閣から現在まで広報関連の責任者として内閣支持率の維持に貢献している。下村博文文部科学大臣（兼東京五輪担当大臣）も第1次安倍内閣で官房副長官を務めた側近。保守色が強く、安倍首相が重視する教育政策で手腕を発揮している。衛藤《えとう》晟一《せいいち》首相補佐官（国政の重要課題担当）は憲法改正や歴史認識、靖国神社参拝などで安倍首相と見解を同じくし、安倍首相の「盟友中の盟友」とされる。

しかし、15年2月に入り、安倍内閣の閣僚をめぐるスキャンダルが次々に発覚。補助金交付企業から献金を受けていた西川公也農水大臣が辞任したほか、下村文科大臣や上川陽子法務大臣、望月義夫環境大臣にも「政治とカネ」の疑惑が浮上した。その後、安倍首相をはじめ、菅官房長官、麻生財務大臣、甘利経済再生担当大臣、西川氏の後任の林芳正農水大臣、宮沢洋一経産大臣、塩崎厚労大臣らにも西川氏と同様の寄付が判明した。ただ、同じ問題が野党側にも飛び火しており、安倍政権の致命傷になるかどうかは未知数だ。

続々浮上する「政治とカネ」疑惑

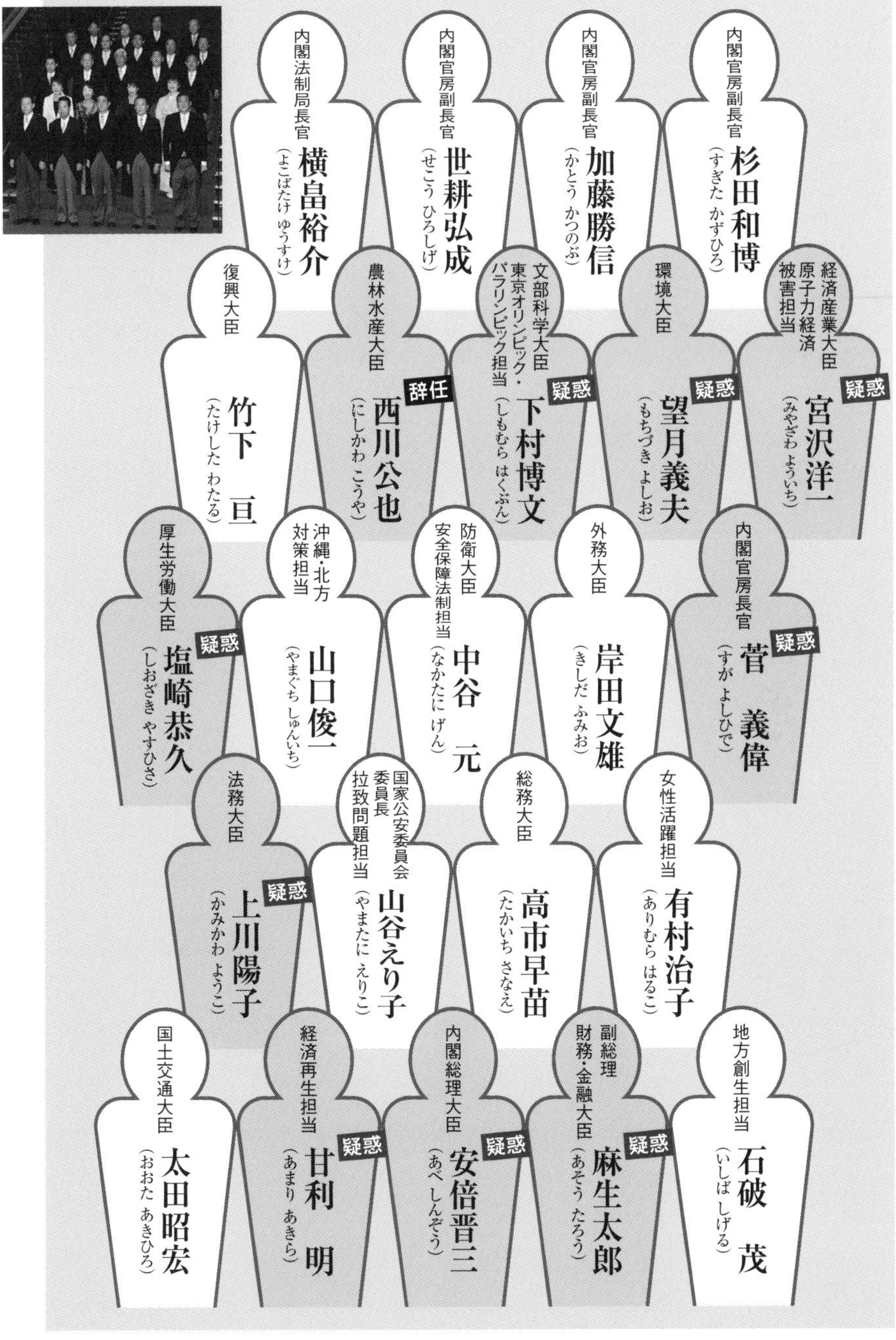
内閣法制局長官
横畠裕介（よこばたけ ゆうすけ）
内閣官房副長官
世耕弘成（せこう ひろしげ）
内閣官房副長官
加藤勝信（かとう かつのぶ）
内閣官房副長官
杉田和博（すぎた かずひろ）
復興大臣
竹下　亘（たけした わたる）
農林水産大臣
辞任
西川公也（にしかわ こうや）
文部科学大臣
東京オリンピック・パラリンピック担当
疑惑
下村博文（しもむら はくぶん）
環境大臣
疑惑
望月義夫（もちづき よしお）
経済産業大臣
原子力経済被害担当
疑惑
宮沢洋一（みやざわ よういち）
厚生労働大臣
疑惑
塩崎恭久（しおざき やすひさ）
沖縄・北方対策担当
山口俊一（やまぐち しゅんいち）
防衛大臣
安全保障法制担当
中谷　元（なかたに げん）
外務大臣
岸田文雄（きしだ ふみお）
内閣官房長官
疑惑
菅　義偉（すが よしひで）
法務大臣
疑惑
上川陽子（かみかわ ようこ）
国家公安委員会委員長
拉致問題担当
山谷えり子（やまたに えりこ）
総務大臣
高市早苗（たかいち さなえ）
女性活躍担当
有村治子（ありむら はるこ）
国土交通大臣
太田昭宏（おおた あきひろ）
経済再生担当
疑惑
甘利　明（あまり あきら）
内閣総理大臣
疑惑
安倍晋三（あべ しんぞう）
副総理
財務・金融大臣
疑惑
麻生太郎（あそう たろう）
地方創生担当
石破　茂（いしば しげる）

第1次安倍内閣の失敗から一転

官僚

霞が関と安倍首相がいい感じらしい

官邸主導の政治を目指す安倍首相は、第1次安倍内閣の失敗から、日本のエリート集団である中央省庁の官僚たちと良好な関係を築いている。霞が関から引き抜かれた官僚たちは、政治にどのように関与しているのか。

会社の社長に秘書がいるように、国のトップである総理大臣にも「内閣総理大臣秘書官」という秘書ポストがある。特別職の国家公務員という位置づけで、通常、「総理（首相）秘書官」と呼ばれる。政務担当1人、事務担当6人の計7人が慣例だ。政務担当は「首席秘書官」と呼ばれることもある。

首席秘書官に抜擢されたエリート官僚今井尚哉氏

これまでの例では、政務担当秘書官は首相の国会議員秘書が任命されるケースが一般的だ。事務担当は、財務省、防衛省、外務省、経済産業省、警察庁の各省庁から1人ずつ、内閣官房——官房は内閣などに置かれる行政機関の内局の一つで、機密・人事・文書・統計などの事務を取り扱う——に出向扱いで就任するが、厳格な規定があるわけではない。過去には総務省や厚生労働省からの出向ケースもある。人選基準は、将来の官僚トップである事務次官候補が選ばれることが多い。

いまの安倍内閣の総理秘書官は左ページ上の表のとおりだ。「首席秘書官」である今井尚哉氏は、経産省に82年入省。第1次安倍内閣でも秘書官を務めている。今井敬元経団連会長と今井善衛元通産事務次官の2人を叔父にもつ「官界のサラブレッド」とも言うべき人間だ。

政局対応から国会運営まで、ありとあらゆる政権の政治課題を担当し、安倍首相の側近中の側近として政治を動かす。安倍首相とはプライベートで高尾山に一緒に登山するなど公私ともに関係は良好。菅官房長官が安倍政権を支える「表の顔」とすれば、今井氏は「影の大番頭」といってよい。

第3次安倍内閣の総理秘書官

政務担当	経済産業省	今井尚哉·元資源エネルギー庁次長
事務担当	外務省	鈴木浩·前駐英公使
	財務省	中江元哉·前主税局審議官
	経済産業省	柳瀬唯夫·前経済産業政策局審議官
	防衛省	島田和久·前地方協力局次長
	警察庁	大石吉彦·前警備局警備課長
	経済産業省	山田真貴子·前大臣官房審議官

歴代政権では、財務省出身者が政務担当に就任するケースが多く見られたが、安倍政権では今井氏のほか、事務担当にも経産省の柳瀬氏が就任しており、財務省よりも経産省との深い結びつきが感じられる。その他、安倍首相の官僚人脈で特筆すべきは第1次安倍内閣のときの秘書官たちだ。財務省主計局長の田中一穂氏や、外務省欧州局長の林肇氏らは今でも安倍首相の信頼を得ているとされる。

安倍政権と財務省は、14年7月まで財務事務次官だった木下康司氏と官邸との不仲説もあり、必ずしも良好とは言えなかった。しかし田中氏が将来、財務事務次官に就任すれば、安倍政権と財務省との距離は一気に縮まるとみられている。財務省内では次世代のエース級の人材が豊富に育っており、政権と財務省との蜜月関係が復活する可能性は十分にある。

内閣人事局の設置で官僚人事にメスを入れた安倍首相

安倍政権と官僚を語るうえで見逃せないのは、14年5月に設置された内閣人事局だ。従来は政治が官僚人事に介入することは避けられてきたが、内閣人事局の成立で省庁人事は内閣が一括して行うことになった。今後は官邸主導で審議官以上の約600人の人事を決定する。

内閣人事局の初代局長に就任したのは、安倍首相の側近とされる加藤勝信氏(旧大蔵省出身)。だが、実質的なトップは菅官房長官だ。内閣人事局設置後の14年7月の省庁人事では、女性幹部が多数誕生し、女性登用を推進する安倍政権の意向が大きく反映された結果となった。

財界本流の超大物ばかり

財界ブレーン

安倍政権の経済政策を影で操るブレーンたち

これまで高い支持率を背景に、次々と重要法案を可決してきたが、それを可能にしたのは株高だった。安倍政権の生命線である株価を維持するために、安倍政権には経済政策を牛耳る経済ブレーンたちがいる。

時に「株価連動内閣」と揶揄される安倍政権。それほど安倍政権にとって株価維持は最重要課題だ。逆に言えば、株価が低迷すると、政権の屋台骨が揺らぎかねない。このため安倍政権では株価維持のための経済ブレーンたちが経済政策を日々進言している。

安倍首相の財界人脈の中で、もっとも本格的な財界ブレーン集団は、「さくら会」だ。主なメンバーは、JR東海名誉会長の葛西敬之、富士フイルムホールディングス会長の古森重隆、三菱東京UFJ銀行特別顧問の畔柳信雄、三菱地所会長の木村惠司、三菱商事会長の小島順彦、日立製作所会長の中西宏明ら（以上敬称略）。第1次安倍政権時代から伴走してきたメンバーで、財界の「安倍親衛隊」といってもよい。

「さくら会」の前身は、「四季の会」とされる。00年、当時JR東海の社長だった葛西氏が、東大法学部時代の親友だった与謝野馨氏に声をかけて結成された。発足当初の趣旨は「若手政治家の有望株を囲んで勉強会をする」ことだった。与謝野氏が呼んだ若手政治家の中に、当時の森内閣官房副長官（続く小泉内閣でも留任）だった安倍首相もいて、関係が始まったようだ。

葛西氏が集めた財界メンバーは、東京電力の勝俣恒久や、新日本製鉄（現・新日鉄住金）の三村明夫、三菱重工業の西岡喬、富士フイルムホールディングスの古森重隆、アサヒビールの福地茂雄、みずほフィナンシャルグループの齋藤宏（以上敬称略）など、財界本流の中心人物たちだ。安倍政権が発足すると、このメンバーたちが重宝された。「安倍官邸人事」の始まりである。

例えば、NHK人事。安倍首相の強い意向が働き、経営委員長に富士フイ

さくら会と四季の会の主なメンバー

さくら会	四季の会	所属（現在）／氏名
○	○	JR東海名誉会長／葛西敬之
○	○	富士フイルムホールディングス会長／古森重隆
○		三菱東京UFJ銀行特別顧問／畔柳信雄
○		三菱地所会長／木村惠司
○		三菱商事会長／小島順彦
○		日立製作所会長／中西宏明
	○	東京電力元会長／勝俣恒久
	○	新日本製鉄（現・新日鉄住金）名誉会長／三村明夫
	○	三菱重工業会長／西岡喬
	○	アサヒビール相談役／福地茂雄
	○	みずほフィナンシャルグループ元特別顧問／齋藤宏

四季の会の発起人。安倍首相と非常に近い人物。

安倍首相の意向が働き、NHK経営委員長に就任。福地NHK会長が退任後に葛西氏の元部下・松本正之氏を推薦？

古森氏によりNHK会長に任命。

ルムの古森氏が抜擢されると、古森氏がＮＨＫ会長にアサヒビールの福地氏を任命した。福地氏が会長を退任すると、後任にはＪＲ東海元副社長で葛西氏の部下だった松本正之氏が就いた。松本氏を推薦したのは、古森氏だったとも言われる。公共放送の幹部人事が、安倍首相を囲むインナーサークルの持ち回りで行われていたわけだ。

会長交代で、不仲だった経団連との関係も回復

安倍家の財界人脈としては、ウシオ電機の牛尾治朗会長がいる。安倍首相の兄・寛信氏の妻が牛尾治朗氏の娘だ。牛尾氏は小泉政権時代に経済財政諮問会議の民間議員として、小泉政権の規制緩和政策を推進したことでも知られる。財界の間では、ＪＲ東海の葛西氏とは「犬猿の仲」で有名だが、安倍首相はまったく気にしていない様子だ。

安倍家といえば、安倍晋三の妻・昭恵氏の人脈も見逃せない。昭恵氏の父は森永製菓相談役の松崎昭雄氏。だが、これまで安倍首相が経済政策について相談したとの表立った情報はない。

安倍政権は、財界総本山である日本経団連に対しては、長く疎遠な関係が続いていた。経団連会長だった住友化学の米倉昌弘氏との不仲が原因で、安倍と米倉氏の反目は、米倉氏が会長職を満了する最後の最後まで変わらなかった。14年6月、経団連新会長に東レの榊原定征氏が就任すると一転、安倍政権と経団連は互いに関係修復に積極的に動いた。安倍政権の経済政策アベノミクスの「第3の矢」である成長戦略に絡み、賃上げ協力を要請すると、経団連側もそれを柔軟に受け入れる姿勢を見せた。

創生「日本」、再チャレンジ支援議員連盟って何？

議員連盟

安倍首相が所属する議員連盟なる団体とは

安倍首相には、自民党の所属派閥である清和会（細田派）以外にも、超党派の国会議員のシンパがいる。それが安倍首相の“タカ派”の政治理念に共鳴する保守派議員たちから成る議員連盟人脈だ。

安倍首相と関係の深い議員連盟は、2つある。ひとつは「創生『日本』」、もうひとつは「再チャレンジ支援議員連盟」だ。また、厳密には議員連盟とは言えないが、「日本会議」と呼ばれる任意団体があり、その議員組織「日本会議国会議員懇談会」も安倍首相の議員人脈に連なる存在である。

安倍内閣の閣僚も名を連ねる超保守議員連盟

創生「日本」は07年に結成された超党派の議員連盟。当初は「真・保守政策研究会」と称したが、10年に改称。約70人の国会議員が参加しているとされる。07年と言えば、9月に第1次安倍内閣が退陣した年だ。安倍の盟友だった自民党の故・中川昭一、当時は無所属だった平沼赳夫らを中心メンバーとして、①伝統文化を守る、②戦後システムを見直す、③国際社会で尊敬される国にする――の3項目を活動目的に掲げた。

中川が初代会長だったが、09年に急死したのを受けて、安倍が会長に就任。名称を現在の創世「日本」に変更した際には安倍自らが会見し、「『研究会』から『行動する議員集団』に脱皮する」と宣言した。以後、外国人参政権反対や、選択的夫婦別姓制度導入反対など、保守色を強く打ち出した主張を展開する。12年には、韓国による竹島の不法占拠、中国人による尖閣諸島上陸に対する抗議声明をそれぞれ安倍会長名で発表している。

幹部には、中曽根弘文（会長代行）、長勢甚遠、山本有二、古屋圭司らがおり、主なメンバーには菅義偉、塩崎恭久、下村博文、高市早苗、有村治子、山谷えり子などの安倍内閣閣僚たちの

安倍首相と関係の深い議員連盟・団体

	創生「日本」	再チャレンジ支援議員連盟	日本会議
主旨	「伝統文化を守る」「戦後システムを見直す」「国際社会で尊敬される国にする」の3項目を活動理念とする超党派議員連盟。	再チャレンジできる社会を実現する政策について議論する議員連盟。	男系皇位の安定的継承を目的とした団体。
構成メンバー	安倍晋三（会長）、中曽根弘文（会長代行）、長勢甚遠、山本有二、古屋圭司（以上、会長代理）、鴨下一郎、菅義偉、塩崎恭久、下村博文、岩屋毅、高市早苗、鴻池祥肇、世耕弘成（以上、副会長）、衛藤晟一（幹事長）、新藤義孝、高木毅、梶山弘志、西村康稔、江藤拓、古川禎久、山本一太、有村治子、山谷えり子（以上、副幹事長）、加藤勝信（事務局長）、稲田朋美（事務局長代理）、徳田毅、城内実、岡田直樹、西田昌司、義家弘介、丸川珠代（以上、事務局次長）など	山本有二（会長）、菅義偉（幹事長） 自民党各派閥の有力議員	超党派議員約300名

名前もある。

安倍推し議連「再チャレンジ支援議員連盟」と超保守団体「日本会議」

一方、再チャレンジ支援議員連盟は、06年、小泉改革で格差問題が論じられ、機会の平等がクローズアップされた時期に発足。誰もが再チャレンジできる社会を実現する政策について議論する目的だった。会長は山本有二、幹事長は菅義偉が就任した。設立総会には100人近くの議員が参加している。

しかし実際は、「ポスト小泉」の最有力候補で当時官房長官だった安倍を支援するための応援団だった。

実際、同年に行われた自民党総裁選で安倍を支持し、安倍総理の誕生を決定付ける役割を果たしている。議連の設立の裏には、安倍の総裁選出馬にあたり、出身派閥の森派（現・細田派）だけでなく、超派閥の支援を得るべきだとの菅の思惑があったとされる。中心メンバーは、衆参問わず、自民党の各派閥の有力議員が名を連ねている。

また、「日本会議」と称する任意団体の議員組織も安倍人脈だ。日本会議は1997年、神道・仏教系の政治組織「日本を守る会」と元号法制化を目指す財界人や学者でつくる「日本を守る国民会議」が合併して設立。その日本会議と連携する議員組織「日本会議国会議員懇談会」は超党派で約300人が参加しているとされる。

活動内容は、男系皇位の安定的継承を目的として皇室典範改正や、憲法改正要綱の作成、学校教科書の自虐史観の是正、首相の靖国神社参拝、自衛隊法改正などによる有事法制の整備など、保守というよりも右翼団体のような主張が目立つ（以上敬称略）。

だから原発が、やめられない止まらない

電力業界は自民党の強力スポンサー

原発

集団的自衛権行使の容認や憲法改正が安倍政権の政治課題とすれば、再稼動は最大の経済課題といえる。だが、再稼動に対する国民世論の反対は根強い。なぜ安倍首相は原発再稼動にこだわるのか。

11年3月11日に起きた東日本大震災による東京電力の福島第1原発事故を受けて、原発の危険性に対する国民世論はいっそう厳しいものとなった。その後、原発の定期検査も含めて、12年5月までに日本国内のすべての原発が停止。電力業界だけでなく財界は一刻も早い原発再稼動を望んでいるが、安全性を確保する制度の抜本的見直しなどが求められ、再稼動までの道のりは非常に険しくなっている。

しかし、安倍首相は原発再稼動の実現を目指す姿勢を崩していない。13年2月、衆院本会議で行った施政方針演説で、こう述べている。

「福島第1原発事故の反省に立ち、原子力規制委員会の下で、妥協することなく安全性を高める新たな安全文化を創り上げます。その上で、安全が確保された原発は再稼動します」

こうした安倍政権の基本姿勢は、原発を「重要なベースロード電源」と位置づけたエネルギー基本計画に色濃く反映されている。同計画は14年4月に閣議決定された。

ところが同年5月、わが国の原発政策を揺るがす出来事が起きる。福井県内にある関西電力の大飯原発差し止め訴訟で、福井地裁が原告の要求を認める「画期的」な判決を下したのだ。判決文の次のくだりは、安倍政権を痛烈に批判したものと受け取られた。

「豊かな国土とそこに国民が根を下ろして生活していることが国富であり、これを取り戻すことができなくなることが国富の喪失である」

それでも原発を諦めずに海外へトップセールス

この判決で、国内原発の再稼動は当

自民党の政治資金団体への原発メーカーの献金額

企業・団体	2013年献金額	ランキング
三菱重工	3,000万円	10位
東芝	2,850万円	12位
日立製作所	2,850万円	12位

自民党側への役員献金が確認された電力会社

中国電力	北陸電力	東北電力	中部電力	北海道電力
82万円	55万円	40万円	10万円	3万円

（共同通信社）

面、事実上凍結されたとの見方が広がった。しかし、安倍首相は諦めない。国内原発の再稼動が厳しいとみるや、海外諸国への原発売り込みを加速させたのだ。もともと安倍首相は、13年のゴールデンウィークにトルコに自ら出向いて原発4基をトップセールスするなど、売り込みに熱心だった。その後も安倍首相は、「地球儀を俯瞰する外交」をスローガンに積極的に外遊をこなし、行く先々で原発セールスを行っている。外遊先に同行する企業には、東芝、日立、三菱重工などの原発関連企業が名を連ねている。

安倍首相がこれほどまでに原発に前のめりになるのはなぜなのか。それは、電力業界、財界からの政治献金が大きく影響している。電力業界は表向き政治献金を自粛しているが、実際は政治資金収支報告書に記載義務のない20万円以下の範囲で政治家のパーティー券を購入したり、役員が個人献金したりしているのだ。

安倍首相の側近中の側近である甘利明経済再生担当大臣は、電力業界からトップクラスの評価を受け、多額の献金を受け取っている。財務大臣の麻生太郎氏も、父親が元九州電力会長でもあり、電力業界から献金を受けている。また、東芝や日立、三菱重工などの原発関連企業は、自民党の政治資金団体である「国民政治協会」に毎年のように1000万円以上の献金を行っている。まさに、政官財が一体となり、原発政策を推進しているのである。

政治家としての安倍首相の方も、経済政策「アベノミクス」の成長戦略が思うように進まなくなった時、最後は原発利権にすがるしかないことを感じているのかもしれない。

御用学者、側近、盟友……

文化人

安倍首相に影響を与えたキーパーソンたち

政策に与えた人、共鳴した人、安倍晋三の強力な応援団の面々を紹介。

浜田 宏一
（はまだ こういち）

イェール大学名誉教授

1936年生まれ。東京大学法学部在学中に司法試験に合格。その後、経済学部に再入学し、大学院で経済学修士、イェール大学で博士号を取得した。専門は国際金融論、ゲーム理論。安倍との出会いは、浜田が内閣府経済社会総合研究所所長だった2001年。当時、安倍は内閣官房副長官だった。安倍政権の経済政策「アベノミクス」の生みの親。内閣官房参与として安倍政権を支える。いわゆる「リフレ派」の1人で、物価目標（インフレターゲット）を設けて、大胆な金融緩和政策を推進するアベノミクスの理論的支柱となっている。

百田 尚樹
（ひゃくた なおき）

作家

1956年生まれ。もともと放送作家として活動していたが、一般に知られるようになったのは2006年に『永遠の0』を出版して以降。同作品がベストセラーになり、一躍有名小説家に。13年には『海賊とよばれた男』で本屋大賞を受賞し、地位を確立した。安倍との接点は、12年に月刊誌で対談したのがきっかけとされる。歴史認識で安倍と共通するものがあり、「自衛権、交戦権をもつことが戦争抑止力になる」との発言も。14年に出版した『殉愛』をめぐっては、モデルとなったタレントの長女に名誉毀損などで訴えられ、騒動になっている。

竹中 平蔵
（たけなか へいぞう）
慶応大学教授

1951年生まれ。実家は和歌山の履物屋。一橋大学経済学部卒業後、日本開発銀行などを経て、政治の世界へ。小泉政権時代は、経済財政政策担当大臣、金融担当大臣などを歴任し、経済政策を取り仕切った。安倍政権では産業競争力会議の民間議員に就任。人材派遣会社パソナ会長でもあり、「正社員をなくせばいい」などの発言が物議をかもした。

本田 悦朗
（ほんだ えつろう）
静岡県立大学教授

1955年生まれ。東京大学卒業後、大蔵省（現・財務省）入省。デフレ下の金融政策について研究しており、その主な主張はインフレ目標の設定や日銀法改正。内閣官房参与としてアベノミクスの具体的な政策に深く関与しており、浜田宏一と並んで側近中の側近。

中西 輝政
（なかにし てるまさ）
京都大学名誉教授

1947年生まれ。国際政治学者。「新しい教科書を作る会」の理事を務めたこともある保守派の論客。安倍とは首相になる前からの付き合いで、安倍政権発足後は「美しい国づくり」企画会議のメンバー。集団的自衛権容認、憲法改正などで安倍と統一歩調をとる。

八木 秀次
（やぎ ひでつぐ）
麗澤大学教授

1962年生まれ。早稲田大学法学部卒業後、同大大学院政治学研究科中退。「新しい歴史教科書をつくる会」の会長経験もあるタカ派。第1次安倍内閣発足時には「5人組」の一人として報道される。「教育再生実行会議」メンバーとして、安倍政権の教育政策を担う。

伊藤 哲夫
（いとう てつお）
日本政策研究センター代表

1947年生まれ。新潟大学卒業。1984年にシンクタンク「日本政策研究センター」を設立。政策提言だけでなく、自民党の国会議員と連携し、政策実現にも取り組む。憲法問題の著書が多い。第1次安倍政権の「五人組」の一人。

長谷川 三千子
（はせがわ みちこ）
埼玉大学名誉教授

1946年生まれ。選択的夫婦別姓制度や男女共同参画社会に批判的な主張を展開。2013年にNHK経営委員に就任。朝日新聞東京本社で拳銃自決した右翼活動家の行為をたたえる文章を書いていたことがわかり、批判を浴びた。

高橋 洋一
（たかはし よういち）
嘉悦大学教授

1955年生まれ。元財務官僚。東京大学の理学部数学科卒業という異色の経歴をもつ。経済学者としての専門は財政学。小泉内閣では経済財政政策担当大臣の竹中平蔵の補佐官に就任。安倍内閣で内閣参与だった時期もある。

朝日の自滅で親安倍派の天下

メディア

安倍政権に"籠絡"される日本のメディア

時の政権をチェックするのは、メディアの重要な役割のひとつだが、安倍政権に対するメディアの論調は鈍い。新聞では「読売・産経・日経」の親安倍連合が形成され、論敵だった朝日新聞は慰安婦問題で自壊した。

安倍首相は多くのメディア関係者と会食している。「首相動静」などで過去に名前が確認できたものだけでも、ざっと以下のようだ。渡邉恒雄読売新聞会長、清原武彦産経新聞会長、木村伊量朝日新聞社長（当時）、喜多恒雄日経新聞社長（当時）、日枝久フジテレビ会長、朝比奈豊毎日新聞社長、大久保好男日本テレビ社長……。これを見ると、日本の主な新聞社・テレビ局の首脳たちは安倍政権に〝籠絡〟されていることがわかる。

安倍政権とメディアとの蜜月を象徴するのが、NHKとの関係だ。かつてNHKは、従軍慰安婦関連番組をめぐって自民党政権から圧力があったとされる「改変問題」を内部告発するなど、時の政権に批判的なスタンスをとってきた。しかし安倍政権は菅官房長官がかつて総務大臣だったこともあり、NHK人事に事実上介入。14年、新会長に籾井勝人氏を就任させた。籾井氏は安倍政権寄りの問題発言を繰り返し、世間から批判を浴びている。

慰安婦問題といえば、朝日新聞だ。朝日の検証報道をめぐる一連のスキャンダルは、ジャーナリスト池上彰氏のコラム掲載拒否問題と重なって、木村社長の辞任にまで発展。これをきっかけに朝日新聞は自壊の道を突き進んだ。この慰安婦検証問題の発端は、当時の木村社長と安倍首相との度重なる極秘会食だったことが明らかになっている。

個人的に安倍首相を熱烈に応援するメディア関係者たちがいる。出版社幻冬舎の見城徹氏もそのひとり。櫻井よしこ氏は歴史認識や外交の強硬姿勢で安倍首相を援護射撃する。産経新聞政治部編集委員の阿比留瑠比氏も、安倍親衛隊として論陣を張る。

各メディアの新安倍度　（★＝新安倍度）

●テレビ

NHK	政府は2013年の衆参両院の議院運営委員会理事会で、NHK経営委員会委員に百田尚樹氏、長谷川三千子氏など、安倍首相に近く、保守色の強い面々を起用することを決定。安倍政権批判も自粛気味。安倍政権の影響が強いメディアと言わざるを得ない。	★★★★★
フジテレビ	日枝会長は安倍首相と何度も会食を重ねており、親密な関係。2014年3月21日には、「笑っていいとも!」に安倍首相が史上初の現役首相として出演し、話題を呼んだ。	★★★★
日本テレビ	大久保社長と安倍首相の関係は良好で、会食を重ねている。『スッキリ!』『news every』などに安倍首相が出演している。	★★★
TBS	安倍氏がニュース番組「NEWS23」に出演した際、アベノミクスの効果に否定的な声がVTR「街の声」で取り上げられたときに、意図的に編集されているのではという旨の意見を述べたことがある。	★★
テレビ朝日	朝日グループだけあって保守の安倍政権との相性は良くない印象だが、幹部が安倍官邸を訪れるなど歩み寄りを見せている。しかし2014年末の解散選挙の際、安倍首相は古舘伊知郎氏がキャスターを務めるニュース番組『報道ステーション』に出演しなかった。	★

●新聞

読売新聞	中道保守で自民党寄り、親米の論調。また、読売新聞中興の祖であり、「原子力の父」と呼ばれた正力松太郎がオーナーだったこともあり、原子力推進派。	★★★★★
産経新聞	清原武彦会長と安倍首相の関係は良好。ハッキリとした右寄りの論調だが、自民党批判もする。従軍慰安婦についての河野談話（自民党政権下）を批判したこともあった。	★★★★
日経新聞	政治的スタンスは中道。アベノミクスや集団的自衛権に対して概ね肯定的な論調。	★★★
毎日新聞	やや左寄りの論調で、安倍政権には比較的批判的。護憲・反戦平和的な立場の記事が目立つ。ちなみに安倍首相の父・安倍晋太郎氏は毎日新聞記者出身である。	★★
朝日新聞	ハッキリとした左寄りの論調。アンチ自民党、反安倍の筆頭。従軍慰安婦をめぐる誤報問題の際、内閣官房高官が「もう朝日新聞や毎日新聞は読む必要はありませんよ。新聞は、読売の一紙だけ読んでいれば十分」と発言したと言われている。	★

□＝フジサンケイグループ　■＝読売グループ　■＝朝日グループ

上段左から上川陽子氏、高市早苗氏　下段左から山谷えり子氏、有村治子氏

波乱含みの人間模様 安倍晋三をとりまく女たち

女性

女性の起用をウリとしている安倍内閣。第2次安倍改造内閣では過去最多となる5人の女性閣僚が誕生。ところが小渕優子氏と松島みどり氏の女性閣僚2人が相次いで辞任し、世間を騒がせた。

高市早苗(たかいちさなえ)

総務大臣／再任

「安倍ガールズ」の筆頭格。初当選は1993年の衆院選で、安倍首相と同期にあたる。当選当初は無所属だったが、1996年に自民党入党後、清和会入りして安倍氏と派閥仲間に。第2次安倍内閣で内閣府特命大臣（沖縄及び北方対策、少子化など）。夫は衆院議員の山本拓。

上川陽子(かみかわようこ)

法務大臣／再任

一般には無名だが、安倍首相との距離は近い。第1次安倍内閣では内閣府特命担当大臣（少子化対策、男女共同参画）に当選3回で就任した。その後、落選、再当選を経て、第2次安倍内閣では総務副大臣も務めた。うちわ問題で法務大臣を辞任した松島みどり氏の後任で入閣した。

小渕優子(おぶちゆうこ)

衆院議員

1973年生まれ。父は元首相の小渕恵三氏。2000年に父が急死したため、同年の衆院選で地盤を引きついで初当選。「女性首相」に最も近い候補者とされた。第2次安倍内閣で経済産業大臣に就任したが、政治資金収支報告書問題が発覚、2カ月足らずで辞任に追い込まれた。

松島みどり(まつしまみどり)

衆院議員

元朝日新聞記者。2000年の衆院選で初当選。第1次安倍内閣では外務大臣政務官、国土交通副大臣を歴任。第2次安倍内閣では法務大臣で初入閣したが、夏祭りで自身のうちわを配布していた行為が公職選挙法違反（寄付行為）に当たると指摘され、責任をとって辞任した。

第2次安倍内閣

有村治子(ありむらはるこ)

内閣府特命担当大臣／再任

元マクドナルド社員。父も兄も政治家の「政治一家」だ。2001年の参院選で初当選。自民党女性局長も務めた。もともと「妊娠中絶反対」「夫婦別姓反対」と保守的な家族観の持ち主だが、安倍内閣では「女性が活躍する社会」の実現に向けた国務大臣も兼務している。

山谷えり子(やまたにえりこ)

国家公安委員会委員長、内閣府特命担当大臣(拉致・防災担当)／再任

雑誌編集長やニュースキャスターなどを経て、2000年の衆院選で民主党から立候補して初当選。その後離党し、自民党へ移ってからは自虐史観の見直しなどで安倍首相に近い保守思想を打ち出す。ヘイトスピーチを行う在特会の関係者と一緒に写った写真が物議をかもした。

第3次安倍内閣

ファーストレディは 不思議ちゃん 安倍昭恵という人

言わずと知れた安倍晋三の妻。通称「アッキー」。1962年、東京都生まれ。旧姓は松崎。父は森永製菓元社長の松崎昭雄。幼稚園から聖心女子学院で、典型的な日本の「お嬢様」だ。聖心女子専門学校卒業後、電通に勤務。安倍晋三との出会いは、職場の上司の紹介とされる。知り合った当時、安倍は父晋太郎の秘書だった。1987年に結婚。東京・新高輪プリンスホテルで行われた結婚披露宴は、仲人が元総理の福田赳夫夫妻、100人近い国会議員が駆けつけ、超VIP級の扱いだったとされる。2006年に安倍首相が誕生すると「ファーストレディ」に。天真爛漫で楽天的な性格で、「反原発」など安倍政権の政策と相容れない発言をすることも。「家庭内野党」を自任している。

稲田朋美（いなだともみ）
自由民主党政務調査会長

2005年の衆院選（郵政選挙）で初当選した「小泉チルドレン」。第1次安倍内閣では当選わずか3回で規制改革担当大臣として入閣。第2次安倍内閣では自民党政調会長に就任、現在に至る。靖国神社参拝や外国人参政権反対などで安倍首相と思想を同じくする。

野田聖子（のだせいこ）
衆院議員

元帝国ホテル従業員。岐阜県議に史上最年少で当選し、1993年の衆院選で初当選。小渕恵三内閣で郵政大臣に就任した。小泉政権の郵政民営化政策に反対し、自民党を離党するも、安倍政権になって復党。「親分肌」で党内の女性議員たちに慕われている。体外受精出産で話題に。

橋本聖子（はしもとせいこ）
参議院議員

元オリンピック日本代表選手（スピードスケート）。1995年に参院選で初当選。2020年東京五輪組織委員会理事でもあり、安倍内閣では五輪担当大臣に就任するとみられていた。しかし写真週刊誌の男子フィギュアスケート選手との「無理矢理チュー」写真で幻に。

「新経済連盟」の三木谷浩史代表理事らとの意見交換会に出席した安倍総裁（当時。2012年12月21日）

鉄道業界、製薬業界、地元関連etc.

彼らがこの国を動かす“金脈”だ

金脈をたどる

第5章 安倍晋三を支える

政治家としての安倍首相の一番の専門分野は安全保障だ。しかし、安全保障は「カネにならない」というのが定説である。ところが、安倍首相は決して金欠政治家ではない。もちろん、その人気をバックに、支援者からの寄附を得ていることも事実であるが、それだけでなく、安全保障をビジネスにしたい財界が応援していることが強い。加えて、祖父・岸信介元首相に連なる怪しげな人脈も依然として安倍首相を応援している。その中で特徴的なのは、喧嘩しているはずの「韓国」が存在感を示していることだ。

カジノ法案で日本が動く!

安倍首相とパチンコ業界のただならぬ関係

パチンコ業界というと警察OB議員の支援業界というイメージが強いが、安倍首相もパチンコ業界とは近い。その安倍首相は、カジノ解禁にご執心のようでもある。それがパチンコ業界の期待感を高めている。

「安倍晋三」と「パチンコ」でネット検索を掛けると、「パチンコ御殿」というキーワードが上位に出てくる。安倍首相の自宅は、パチンコ店経営者から譲ってもらったものだという話だ。

山口県下関市にその御殿がある。660坪の豪邸で、もとは父・安倍晋太郎氏の支援者だった吉本章治(故人)という人物が経営する会社の所有だった。90年に晋太郎氏に名義が変わったが、通常なら抵当権などが付けられるものだが、そうしたものはない。そのため「貰ったのではないか」とも指摘されていた。

また、安倍事務所も吉本氏の会社から借りていた。これも「格安で提供されていたのではないか」と言われていた。この家賃問題については、マスメディアが何度も追及したが、安倍事務所は家賃や賃貸契約に関する資料は一切示そうとしないので、「優遇を受けていたに違いない」ともっぱら言われている。

安倍家とつながる吉本章治とはいったい何者なのか?

吉本氏は在日韓国人。１９５８年に下関に遊技場を立ち上げ、東京オリンピックが開催された年に七洋観光（現・七洋物産）を設立。その後、パチンコ店の他、映画館やボウリング場なども運営。現在では「ＧＩＯＮグループ」として下関、福岡、北九州、大分でアミューズメント事業を展開している。

吉本氏は安倍晋太郎氏が初出馬したときからの支援者で、安倍首相自身も、父の秘書を務めていたことから、古くから直接の交流がある。06年に安倍氏が首相に就任した際、韓国の朝鮮日報は、安倍氏と吉本氏との関係に触れていた。吉本氏が亡くなった今でも関係は続いており、ＧＩＯＮグループの東洋エンタープライズが企業献金を続けている。

なお、安倍氏への企業献金を見ると、日拓ホームという会社名がある。同社は、パチンコ店「エスパス」を東京、神奈川、千葉で展開する日拓グループの関連会社だ。ちなみに日拓グループの西村拓郎社長の妻は、タレントの神田うの氏である。

カジノ構想に期待しているパチンコ業界

パチンコの産業規模は毎年下降している。レジャー白書によれば、かつて30兆円だったパチンコ店の売上は今や18兆円に減少。参加人口も９７０万人になり、１０００万人の大台を割ってしまった。

斜陽産業のように見えるが、カジノ構想により、パチンコ業界の未来は明るいと見る向きもある。

カジノ構想を政府は「ＩＲ」と言い換えている。インテグレーテッド・リゾートの略で、会議・展示施設、ホテル、ショッピングモール、レストラン、劇場、アミューズメントパークなどとカジノが一体になった複合観光集客施設のことだ。カジノ＝ギャンブルというイメージが強いので、ＩＲと言い換えている。

ＩＲの推進、つまりカジノ解禁に向けて「カジノ法案」（ＩＲ推進法案）が14年に国会に提出された。提出したのは「国際観光産業振興議員連盟」。安倍首相は最高顧問を務めていたが、14年10月に共産党に追及されて議連を辞任。それにしても首相になって1年以上も議連役員を務めていたわけで、その意欲が窺われる。実際、14年5月にシンガポールを訪問した際、「マリーナ・ベイ・サンズ」「リゾート・ワールド・セントーサ」の2つのカジノを視察したほどだ。

カジノ法案は、安倍首相による突然の解散で廃案となってしまったが、カジノ議連は法案を再提出する。安倍首相も国会で2月、「国会での議論を見守りつつ、国民的な議論も踏まえ、関係省庁で検討を進めていきたい」と前向きな発言をしている。

カジノ利権獲得に必死？
首相とつながりを強めるセガサミー

その中で注目されているのが、セガサミーホールディングスの存在。セガサミーは、業務用ゲーム機器大手のセガと、パチンコ・パチスロメーカーのサミーが04年に経営統合してできた会社。カジノ運営への野心も強いと言われている。

12年には宮崎のシーガイヤを買収。シーガイヤはホテルやゴルフ場、国際会議場、レジャー施設を有する複合リゾート。カジノが解禁となれば、すぐにＩＲとして運営できる。

14年5月にセガサミーは、韓国カジノ最大手のパラダイスとの合弁を発表。ソウル近郊にカジノ施設をつくる計画を明らかにした。14年11月に建設が始まり、17年には開業する予定。

このように、いつでもカジノを開業できるように場所を確保し、運営のノウハウも磨いている状態。他企業に先んじることで、国内のカジノ利権を取りに行っていると見て間違いはない。

そのセガサミーの里見治会長兼社長と安倍首相の関係については、13年9月に行われた里見会長の娘の結婚披露宴が象徴的だ。

多くの国会議員が参加したというが、安倍氏は新郎側の来賓代表だった。新郎は当時、経産省のキャリア官僚だった鈴木隼人氏。その鈴木氏は昨年、総選挙に自民党公認候補として出馬。東京比例区で出馬したが、比例区単独でトップの順位が与えられた。選挙前から当選が約束されていたに等しい。この厚遇は、安倍首相の進言によるものだと伝えられる。

カジノ解禁とともに
換金の合法化も？

里見会長といえば、国会議員では平沼赳夫次世代の党党首の支援者として知られていた。１５０万円もの献金も行っている。その関係で、石原慎太郎

全国のカジノに関する構想等（三菱UFJリサーチ&コンサルティング）

都道府県	構想・検討会等の実施主体	構想名・検討会名・調査名
北海道	くしろ複合観光・ゲーミング誘致研究会	北海道・阿寒IR構想
北海道	小樽国際観光リゾート推進協議会	小樽IR構想
北海道	道央圏統合型リゾート構想誘致期成会	
宮城県	東日本大震災復興カジノ招致委員会	
秋田県	イーストベガス推進協議会	イーストベガス構想
千葉県	千葉県	カジノ・MICE機能を含む複合施設の導入検討調査
東京都	東京都	総合型リゾート（IR）の整備推進
神奈川県	神奈川県	「カジノ・エンターテイメント」に関する県民意識調査
神奈川県	横浜市	
石川県	珠洲商工会議所	能登にラスベガスを創る研究会
静岡県	熱海・カジノ誘致協議会	熱海型カジノプラン
愛知県	常滑商工会議所	常滑市臨空都市カジノ協議会
大阪府	大阪府	大阪エンターテイメント都市構想推進検討会
和歌山県	和歌山県	カジノ・エンターテイメントシンポジウム
徳島県	日本カジノ健康保養学会	鳴門カジノ構想
香川県	香川経済同友会	瀬戸内海カジノ構想
福岡県	北九州市 ゲーミング（カジノ）調査研究会	ゲーミング（カジノ）に関する調査研究報告書
長崎県	西九州統合型リゾート研究会	九州・アジア統合型リゾート構想
宮崎県	統合型リゾート（IR）研究所	
沖縄県	沖縄県	カジノ・エンターテイメント検討事業

氏なども支援していたとも言われる。が、石原氏といえば三男の石原宏高代議士が選挙で、セガサミーの商売敵のパチスロ大手「ユニバーサルエンターテインメント」の支援を受けていたことが取り沙汰された。「そんなこともあり、里見氏は平沼から安倍に乗り換えたのでは」（自民党議員）との観測も出ている。

いずれにせよ、カジノ解禁を目指すパチンコ業界にとって安倍首相は頼りがいのある存在なのだろう。

業界としてはカジノと並行して、換金合法化を望む声も出ているという。特に、大手にそうした声が高いという。が、換金合法化となれば、警察とのガチンコ対決は避けられない。新パチンコ族として頭角を現している安倍首相は、そこまで踏み込んで行くほど腹をくくっているのだろうか。

合同結婚式で世間のド肝を抜いた
統一教会と安倍家の意外な縁とは

韓国の新興宗教団体である統一教会は、合同結婚式や霊感商法で知られる。が、永田町では保守政治家の支援組織として存在感を示している。そのため、安倍首相も無視できない存在のようだ。

統一教会（世界基督教統一神霊協会）という韓国の新興宗教と、安倍首相の関係は何かと取り沙汰される。

統一教会といえば、92年頃に歌手の桜田淳子さんも参加した合同結婚式で話題になった。それだけでなく、霊感商法で1000億円を超える被害相談があったとして問題視された団体でもある。そんな団体との関係が深いとなれば、それは見過ごせないだろう。

安倍首相と統一教会の明確な関係が明らかになったのは、官房長官を務めていた06年。統一教会の合同結婚式に安倍氏が祝電を送っていたことを、韓国の「世界日報」が報じて明らかになった。世界日報は統一教会系の新聞メディアである。

それによれば、06年5月に行われた、「天宙平和連合（UPF）祖国郷土還元日本大会」に安倍氏ら7人の国会議員が祝電を送ったという。また、05年の10月に広島で行われた大会にも、祝電を送っていたことも後に発覚。

この件はその後も事あるごとに蒸し返され、必要以上に安倍首相は統一教会系の政治家だというレッテルが貼られてしまっているが、もちろん無関係なわけでは決してない。

そもそもの始まりは祖父・岸信介だった

安倍首相と統一教会との関係は、そもそもは祖父の岸信介元首相の時代に始まっている。

共産主義打倒を訴える「国際勝共連合」という政治団体があり、これは統一教会の教祖、文鮮明氏が1968年に韓国で創設したもの。同年、日本にも同連合が立ち上がったが、それを推進したのが岸氏だったと伝えられる。

統一教会の合同結婚式で、約3万6千組のカップルで埋まったソウルのオリンピックスタジアム（1995年8月25日）

児玉誉士夫氏や笹川良一氏らと共に設立を進めたとされる。

勝共連合はタカ派議員を支援しており、自民党やかつての民社党議員が秘書の派遣など様々な支援を得ていたという。安倍晋太郎氏もその一人だった。

最近では安倍首相と統一教会や勝共連合との関係は目にしないが、安倍系議員が統一教会との付き合いを続けているとも伝えられる。

14年10月に行われた統一教会東京多摩教区主催の「祝福原理大復興会」という催しに、自民党総裁特別補佐の萩生田光一衆院議員、参議院議院運営委員長の中川雅治参院議員の名前が記されていた。両議員とも安倍側近だ。

両議員にとって多摩地区は選挙区でもあることから、選挙を見越したものではないかと考えられ、統一教会の議員に対する影響力はまだまだ侮れない。

安倍首相の太いタニマチ
医療業界からの多額の献金

安倍首相は厚労族議員である。特に医療関係とつながりが強いようで、医師や歯科医師からの支援を得ており、毎年、関連団体から献金も受けている。

「安全保障は票にならない」と永田町ではよく言われる。安倍首相が安保通なのは周知の通りだが、もう一つ強いジャンルとして医療関係が上げられる。安倍氏自身の公式サイトのプロフィールを見ると、「外交部会（部会長代理・副部会長）」と並んで「社会部会（部会長・副部会長）」と書いてある。社会部会は、医療や社会保障の政策を扱う自民党内の部会だ。

そんなこともあって、安倍氏の政治団体を見ると、医療系団体からの献金が目立つ。直近の13年のものを見ると、医薬品卸業界の政治団体「日本薬業政治連盟」から４００万円、医師会の政治団体「日本医師連盟」から５００万円を貰っている。また両団体はそれぞれ50万円と１００万円のパーティー券を購入。「日本薬剤師連盟」も50万円のパーティー券を購入している。

12年には前記以外にも「日本精神科病院政治連盟」「全国社会保険労務士政治連盟」「製薬産業政治連盟」から献金を受けたりパーティー券を買ってもらっている。

日歯連からの献金は表立って見当たらないが…

これらを見ると、歯科医師関連の団体が見当たらない。が、決して安倍首相と歯科医師の関係が悪いわけではない。04年に歯科医師の政治団体「日本歯科医師連盟」（日歯連《にっしれん》）が、汚職事件などで摘発された事件があった。この事件では、当時の自民党橋本派（現・額賀派）に1億円の裏金を日歯連会長が渡したことも明らかになった。それ以外にも複数の政治家に様々な形で資金が回っていたという。それは20億円規模

**2013年4月25日
安倍晋三後援会政経セミナーでの
パーティー券購入**

日本医師連盟	¥300,000
製薬産業線時連盟	¥500,000
日本薬業政治連盟	¥500,000

**2013年7月31日
安倍晋三後援会政経セミナーでの
パーティー券購入**

日本薬業政治連盟	¥300,000
日本医師連盟	¥300,000
製薬産業政治連盟	¥500,000

**2013年11月5日
安倍晋三後援会政経セミナーでの
パーティー券購入**

富士フィルム（株）	¥1,000,000
上野製薬（株）	¥300,000
製薬産業政治連盟	¥500,000
日本薬業政治連盟	¥400,000
日本医師連盟	¥1,000,000

**2013年の安倍首相の
政治資金管理団体（晋和会）への
団体献金**

日本薬業政治連盟	¥2,000,000
日本精神科病院政治連盟	¥3,500,000
日本薬剤師連盟	¥500,000
泰進会	¥1,000,000
東京政経研究会	¥50,000,000
日本社会保険労務士連盟	¥500,000
素心会	¥3,000,000
日本専門新聞政治連盟	¥100,000
TKC国際政経研究会	¥500,000

だとも伝えられている。当然その当時、安倍氏にも政治献金がなされていた。

この事件では、会長を含む日歯連幹部6人が逮捕され、全員が有罪となった。そうした事件があったことで、日本歯科医師会は組織改革を進めることとなった。その関係で、野放図に政治家に献金することは控えるようになったようだ。そのため現時点では、安倍首相への献金が見られないという。

とはいうものの、歯科医師会との関係は継続している。首相動静を見ても、歯科医師会幹部との会談は、忙しいスケジュールを縫って行われている。首相公邸での夕食会なども行われている。歯科医師との関係は間違いなく維持されている。

余談だが今、安倍首相は歯の治療中のようで、ちょくちょく衆院第一議員会館内にある歯科診療所を訪れている。

財界

財界有力 金脈ベスト8

ネット選挙、薬のネット販売……
安倍政権に強力な影響力

1位

三木谷 浩史

みきたに ひろし

楽天会長兼社長

財界の中で、楽天の三木谷浩史会長兼社長は異端者である。経団連を脱会し、自ら新経連（新経済連盟）という団体を設立。エスタブリッシュメントな大企業に異を唱え、財界に世代交代を突き付ける構図をつくった。

12年に政権に返り咲いた当初から、安倍首相と三木谷会長は良好な関係だった。アベノミクス第3の矢の具体策を検討する産業競争力会議のメンバーに三木谷氏を指名。また安倍首相は、内閣発足直前の12年12月21日に新経連と意見交換を行い、翌13年4月には、新経連のイベントにも参加。「これからの日本を支え成長させるのはIT関連の企業をはじめとするニューエコノミー。ここに集まるみなさんが活動しやすい環境を整えていきたい」とも挨拶。

その三木谷会長は13年11月、産業競争力会議の議員を辞任すると表明。政府が、薬のネット販売を制限することを決めたことに抗議するためだという。しかし、結局は安倍首相自身が慰留に乗り出し、議員を継続することとなった。

楽天株を売却して大もうけ 渋谷に三木谷御殿を建設

文句を言っているが、三木谷会長は

ちゃっかりと利益を得ていた。

　例えば楽天子会社のケンコーコムという会社。健康関連商品のネット販売を行う会社だが、三木谷氏が産業競争力会議の議員を務めると報じられると、同社の株価はぐんぐん上昇。年末に500円だった株価は3月には一瞬5000円を越えるほどだった。これは、楽天の財務内容に大きく寄与するものだ。その後は株価も下落していくのだが、民間議員を辞めると言ったのは、株価が下がったことに腹を立てたのかもしれない。

2012年12月21日、「新経済連盟」との意見交換会で、同連盟の三木谷浩史代表理事（右）と握手を交わす自民党の安倍総裁（当時）

　これと並行して、三木谷会長自身が大儲けしていたことも判明。自身と妻が持つ楽天株を売却し、400億円近い資金を手にしていた。

　三木谷氏は13年2月から7月にかけ、3600万株を売却。三木谷氏は楽天の経営者なのでインサイダーに問われる可能性があるため、信託銀行に委託して市場で売却した。法的には問題はないのだが、楽天の株価は、2月は800円程度だったが、7月には1300円台に上昇。正に売り時だった。

　その間、三木谷氏は薬のネット販売解禁を唱え、政府に対して果敢に挑んで行った。その姿をマスコミが報じ、これが楽天の株価上昇に寄与したと見ていいだろう。ケンコーコムの株価上昇も、楽天の株価にはプラスになっているはずだ。そして何より、アベノミクスで日経平均株価がグーンと上がっていた時期でもある。儲かるのも当然だろう。

　この楽天株売却で得た資金については当初、「政界再編の原資にするのではないか」との観測も出ていた。規制改革派の議員をとりまとめ、薬のネット販売を始めとする規制緩和を進め、新経連企業のビジネス拡大を狙っているのではないかとも言われた。

が、その後、三木谷氏の言動はあまり伝わってこない。話題になったのは、14年末に渋谷に豪邸を建てたというニュースぐらい。株で得た資金は、この豪邸建設に使ったのかもしれない。もしそうなら、「規制」をカネ儲けに使っただけになる。これでは単なる政商だ。

2位

葛西　敬之　かさい　よしゆき

JR東海名誉会長

安倍応援団の筆頭、リニア事業で協力関係

真の意味で、安倍首相を支援している経済人の筆頭は、JR東海の葛西敬之名誉会長と言って間違いない。

「四季の会」「さくらの会」といった経済人による安倍応援団を立ち上げたのが葛西氏だった。東大の同級生だった与謝野馨元代議士に、「若手の有望議員を呼んで勉強会をやろう」と持ち掛け、安倍氏を紹介されたのが始まりという。

葛西氏は国鉄の分割民営化をリードした「改革3人組」の一人として世に知られた人物。民営化後にはJR東海社長に就任。JR経営にあたり、経営陣が腐心したのは労組対策だった。国鉄労組は革マル派や中核派といった左翼過激派とつながっていたとされ、JR経営のネックにもなっていた。

93年に葛西氏は、何者かにペンキをかけられるという事件に遭った。犯人は不明だが、多くが「左翼がやったに違いない」と感じた。

そんなこともあり葛西氏は、左翼嫌いになったとも指摘される。そんな部分が安倍晋三という保守政治家を本気で応援するベースになったのかもしれない。

その葛西氏は、第1次安倍政権では、政府の教育再生会議委員に就いたが、第2次安倍政権では、これという委員を務めてはいない。が、首相動静を見ると、経済人の中で最も会っているのが葛西氏だという。それだけ安倍首相も葛西氏には頼っているのだろう。

また葛西氏の側も、JR東海の虎の子であるリニアモーターカーのアメリカへの輸出を行うためには、首相との太いパイプは非常に心強い。

やはり両者ともウマが合うと見ていいだろう。

2014年4月12日、山梨リニア実験線試乗後、JR東海の葛西敬之名誉会長（右）から記念品を受け取るケネディ駐日米大使。奥は安倍首相。

3位

NHKの経営委員長に就任

古森《こもり》 重隆《しげたか》

富士フイルムホールディングス会長

安倍首相を支える経済人としてJR東海の葛西氏と並び称されるのが、富士フイルムホールディングスの古森重隆会長だ。資金面での支援もしており、富士フイルムは13年に300万円、12年に100万円のパーティー券を購入した。

古森会長は07年6月、NHKの経営委員長に就任。これは当時の安倍首相が押し込んだ人事だとされる。NHKの〝偏向報道〟を正すために送り込んだということだ。その古森氏は、NHK会長にアサヒビールの福地茂雄前会長を起用した。これ以降、NHK会長の内部昇格は途絶えている。その成果はともかく、NHKの経営改革を一歩進めたことは事実である。

第2次安倍政権にあたって古森氏は、マスコミを通じてアベノミクスの応援をして、援護射撃。政府が推進するベア（ベースアップ）にも前向きで、14年は2000円のベアを実施し、15年もいち早くベア宣言をした。その対価として安倍首相は、法人税減税を進めねばなるまい。

4位

安倍首相とは同郷のよしみ

長谷川《はせがわ》 閑史《やすちか》

武田薬品工業会長

武田薬品工業の長谷川閑史会長は、山口県長門市の出身で、安倍首相の本籍地も長門市。同郷のよしみという関係だ。

安倍政権で長谷川会長は、産業競争力会議の「雇用・人材分科会」の主査を務めている。安倍政権が財界の意を受け、法人減税とともに推進しようとしている、労働法制の緩和を進める役回りだ。つまり、正社員のクビの切り方や、今議論されているホワイトカラーエグゼンプションをどうするかといったテーマに取り組んでいる。

長谷川氏は経済同友会の代表幹事。「財界きっての国際派の論客」とも称されている。だが製薬業界では、「〝政治ごっこ〟の一環で政府の委員を務めている」などと揶揄されている。武田薬品社長としてグローバル化を進めようとしたが、海外並みになったのは外国人社長の誕生と、高額な役員報酬ぐらいだとも言われ、14年の総会では創業一族から批判の声も挙がった。

5位 新浪 剛史《にいなみ たけし》

サントリーホールディングス社長

アベノミクス推進のため社員の年収をアップ

サントリーの新浪剛史社長は、安倍政権では産業競争力会議の農業分科会の主査を務めている。

安倍政権で新浪社長がクローズアップされたのは13年2月。多くの企業が賃上げに躊躇している中、当時ローソン社長だった新浪氏は、アベノミクス推進のため、「子育て世代の年収を3％引き上げる」と宣言した。多くの国民がこの英断に拍手喝采した。麻生財務相も「日本経済の先行きを明るくするとてもいい材料」と評価した。

が、損得勘定はしっかり出来ていた。年収を引き上げるというが、給料でなくボーナスで対応。あくまで社員だけなので、ローソンのバイトはもちろん、オーナーも対象外。賃上げ費用は年5億円程度。1000億円ある内部留保から拠出するので、何の痛みもない。こうした経営能力が評価され、サントリーにスカウトされたのかもしれない。

ちなみに新浪氏は、安倍首相より甘利経済担当相と関係がよい。お互いに酒を飲み合うほどの関係という。

6位 似鳥 昭雄《にとり あきお》

ニトリホールディングス社長

与党を幅広くバックアップ

ニトリホールディングスの似鳥昭雄社長と安倍首相の関係が注目されたのは、14年4月。神奈川県の名門ゴルフ場「スリーハンドレッドクラブ」で一緒にゴルフをしたことだった。このとき公明党の北側一雄副代表が一緒だったことが憶測を呼んだ。集団的自衛権容認に関して公明党と揉めていた時期で、ゴルフの場で安倍首相と公明党が密約を結んだのではないか、とも見られていた。そういう場に居たということで、似鳥社長の存在感が高まったのだ。

ニトリは安倍首相に献金をしている。13年は300万円。だがニトリの献金は安倍首相だけにではなく、幅広くやっている。例えば、同じ山口県の高村正彦副総裁や林芳正農相にも出しているし、民主党にも野田佳彦前首相や岡田克也代表、さらには公明党の太田昭宏国交相、そして北側氏にもしっかり献金している。

とはいえ、岸信介保有の物件をニトリが買ったという話もあり、やはり両者の間には因縁を感じさせる。

7位

アベノミクス誕生の立役者

牛尾 治朗

うしお じろう

ウシオ電機会長

牛尾治朗ウシオ電機会長は、「政商」と呼ばれることもあるが、政商とは、政治と関わって自社の利益につなげる経営者のことだが、ウシオ電機が政治で大儲けしたという話はあまり聞かないので、牛尾会長は政商ではなさそうだ。とはいえ、政治に相当深く関わった経営者だというのは事実。それこそ81年に始まった土光臨調あたりから政治に関わり、小泉政権では「経済財政諮問会議」の民間議員として、小泉改革をバックアップした。

安倍首相とは親戚関係にあたる。安倍氏の兄が、牛尾会長の娘と結婚しており、安倍首相から見て牛尾氏は兄の義父ということになる。

そうした血縁関係だけでなく、首相を目指した05年、牛尾氏は増税路線に対抗して成長戦略を推進していた竹中平蔵氏や中川秀直氏を安倍氏とつなぎ、これから誕生する安倍政権での政策協議を密かに行っていたという。これがアベノミクスの基礎になったわけだ。

8位

ブレーン竹中平蔵氏との強いつながり

南部 靖之

なんぶ やすゆき

パソナ代表兼社長

パソナの南部靖之社長と安倍首相の直接的な絡みは、あまり見えてこない。覚醒剤取締法で有罪となったＡＳＫＡの事件で、パソナの「仁風林」なる〝迎賓館〟の存在が明らかになり、そこに安倍首相ら複数の政治家が招かれていたことが明らかになり、どんな破廉恥な接待が行われたのかと憶測を呼んだくらいだ。

そんなことよりも、パソナとの関係では、竹中平蔵氏の存在が重要となる。竹中氏はパソナの会長を務めている。その竹中氏は産業競争力会議の議員を務めており、同会議では例えば、女性や若者の就職支援策を提案するなどしている。

その一つに「労働移動支援助成金」制度がある。これはパソナなど就職支援会社が、再就職支援を行うことで助成金が貰えるというもの。また「戦力発掘プロジェクト」というのもある。女性や若者をインターンとして採用すると補助金が貰える。これらがパソナの商売となっている。

水産関連、土木関連、医療関連etc.

保守王国山口には応援団がたくさん

総理大臣になる政治家は、地元基盤もしっかりしている。支援企業も多数ある。安倍首相が寄附を受けている企業にはどういうところがあるのか、その傾向を見てみよう。

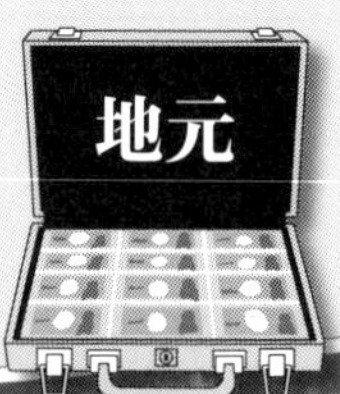

安倍首相の地元、下関は全国的にフグで有名な、水産業が盛んな地域だ。漁師や水産物加工、海産物販売といった仕事に関わる企業が多くある。安倍首相の支援者を見ると、食品関係の企業が確かに結構いる。

有力応援団は地元ならではの水産関連の企業

献金業者の中で、後援会でもよく知られるのが「漁連石油」という会社。漁業の系統燃油の販売を行っている。つまりは、漁船向けの軽油を中心に扱っている会社だ。現在、船舶向けの軽油取引税は免税されているが、15年3月で免税措置の期限を迎えるため、政府は漁船や農機具向けの軽油については3年間延長させる。こうした方針に安倍首相は反対しないはずだ。

水産物や加工品を扱う「松岡」という会社もある。年間48万円の献金を行っている。同社はもともと門司港で対韓国貿易を行っていた会社で、現在は首都圏や大阪、福岡にも物流拠点を置き、さらに養殖事業も展開している。

下関には「林兼産業」という食品関係の上場会社がある。ハム・ソーセージの中堅どころだが、同社子会社の林兼コンピューターが6万円と、お付き合い程度の献金を行っている。

安倍首相の支援企業としては、「みなとタクシー」も挙げられる。同社社長のブログには、ときたま安倍首相の話が出てくる。解散に打って出た14年12月、「野党に不意打ちを食らわせる慌しい年末の選挙となった。過半数を取れないときは即、退陣するという安倍政権は退路を断った覚悟と自信の強さがうかがえる」とある。

東京オリンピックの開催権を得た際

は、「震災復興・経済・外交・社会保障など待ったなしの今、追い風にして現状を立て直す、絶好の機会と成すべきである。その意味においても、実に安倍総理は運が良い」と書いてあった。

公共事業を手がける土木関連企業も

安倍事務所の関係者は、みなとタクシーを使うことが多いと聞く。ちなみに、下関には下関山電タクシーという会社もあるが、安倍関係者は山電タクシーには乗らないのだという。同社はサンデン交通の系列タクシー会社で、サンデン交通は、安倍首相の地元ライバルでもある自民党の林芳正参院議員の一族の会社だからだ。

「タクシー乗り場で山電タクシーが来たら、後ろに並んでいる人に譲る。林のところのタクシーには絶対乗らない」（安倍後援会関係者）

下関も地方都市なので、やはり建設土木関連も主要な産業となっている。他の自民党議員同様、安倍氏の献金会社にもそうした業種が多い。

例えば「コプロス」という会社。献金額は年24万円。山口県庁からの受注が多く、高潮対策の護岸工事や県営住宅のバリアフリー化工事などをやっている。もちろん国交省の仕事も請け負っており、下関北バイパス・垢田や同・武久の改良工事を受注している。「宇部工業」も安倍支援会社。24万円の献金がある。同社は下関市ではなく、その名の通り宇部市に本社を置く。献金企業には宇部市の会社も多いが、これは、安倍晋太郎時代からの付き合いがもっぱらだという。中選挙区時代は宇部市も選挙区だったからだ。宇部工業も国交省の事業を受注しており、宇部港の舗装工事だとか、浜田港や三田尻中関港の防波堤工事などがある。

規模は小さいが「寿工務店」という会社があり、同社は「選挙のときに人的支援をしてくれる。選挙事務所も提供してくれた」（安倍後援会関係者）という。献金も12万円ある。

公共事業で商売をする事業者からすれば、安倍首相との付き合いは欠かせないということなのだろう。実際、政府は自民党と一緒になって国土強靭化計画を進めている。新たな道路や橋梁、港だけでなく、既存設備、施設の災害対策などたくさんの事業がこれから待っている。中国地方は山や海に恵まれ、土木工事の機会はたくさんある。

地元上場企業で不動産業を営む「原弘産」もかつては安倍氏に献金をしていた。耐震偽装問題が湧き上がっていた最中に、ヒューザーが保有していた神奈川県と埼玉県の土地を取得していたことが分かり、「安倍事務所が絡んでいるのではないか」とも憶測を呼んだこともある。ヒューザーの小嶋社長が当時、安倍事務所に陳情に行っていたからだ。ただ近年は赤字が続き、今では献金はない。

他の献金者を見ると、パチンコ店などを展開する「東洋エンタープライズ」の名前もあり、42万円を出している。

その他、献金額の多い企業を見ると、「ライジング・グループ」からの献金がある。グループ2社で200万円。ライジングといっても安室奈美恵やSPEEDが所属していた芸能プロダクションではない。同社は山口市や宇部市に拠点を置き、調剤薬局などを事業としている会社。安倍首相は医療分野とのつながりが深く、そうした関係で寄附を行っているのだろう。

気になる**安倍首相**の**資産**は**おいくら**？

2015年2月15日、安倍内閣閣僚らの資産公開が行われた。麻生太郎副総理兼財務相が4億9127万円で最も多く、4億5772万円の竹下亘復興相、土地2782万円と預貯金2475万円などの合計1億528万円の首相の計3人が1億円オーバーのトップスリー入りを果たした。これだけでもすごいが、この総資産額に反映されない株式なども保有しており、実際の資産は公開額を上回ると言われている。

- 土　地……2782万円
- 預貯金……2475万円
- 建　物……5121万円
- 有価証券……森永製菓4万9千株、大津醤油7千株 サンヨーコンサルタント2千株など
- 貸付金……2800万円
- ゴルフ会員権…10口
- 自動車……2台

山口市内の商店街を訪れ、有権者らに手を振る安倍首相（2013年4月21日）

第6章 自宅に火炎瓶、ＮＨＫ番組改編事件、カルトとの関わり etc. 政治家に黒い影は付き物か！？

安倍晋三をめぐる事件簿を顧みる

おっとりとした人柄で、たいしてスキャンダルもなく無難な印象の安倍首相。ところが、やはり一国のトップになるほどの人間には付き物なのか、きな臭い事件の臭いや怪しい人物の影がザクザクあった！

File 1

ヒューザー耐震偽装事件、ライブドア事件……
世間を揺るがした黒い事件の陰にちらつく謎の団体

「安晋会」とはいったい何なのか?

「安晋会《あんしんかい》」なる安倍首相の後援会組織のようなものがある。安倍事務所は、「安倍晋三と直接の関係はない。有志の方が独自に応援していただいているだけ」と無関係を強調する。安倍首相自身も06年1月、国会で安晋会について問われ、「私の後援会ではない」と説明している。

が、安晋会のメンバーが行ったパーティーのチケット販売を秘書が手伝ったり、安晋会メンバーの陳情に応じるなど、相当影響力のある団体なのである。しかし、安倍サイドは、その関係には触れられたくない様子だ。

安晋会の名前が世間に出たのは、05年11月に発覚した耐震偽装事件の中でのことだった。

耐震構造計算書を偽造して建設されたマンションを販売したとして逮捕されたヒューザーの小嶋進社長は、問題解決のため安倍事務所を訪問。その場で安倍氏の政策秘書は、「次の事務次官になる」とされる国交省幹部に電話を入れたという。

なぜ小嶋社長はここまで出来たのか。小嶋氏は安倍後援会のメンバーですらなく、献金リストにも名前は見当たらない。その答えとして小嶋社長は、「安晋会というのに入っている」と説明している。安晋会を通じて、安倍事務所に陳情に行ったというのだ。

行方がわからない 1000万円相当のパーティー収入

安晋会とは何なのか。慶応大学の同窓を中心とした親睦会だというのが表向きの説明だ。が、実際はUDI経営者連合会を主宰する杉山敏隆ゴールネット会長という人物が差配していた団体だった。

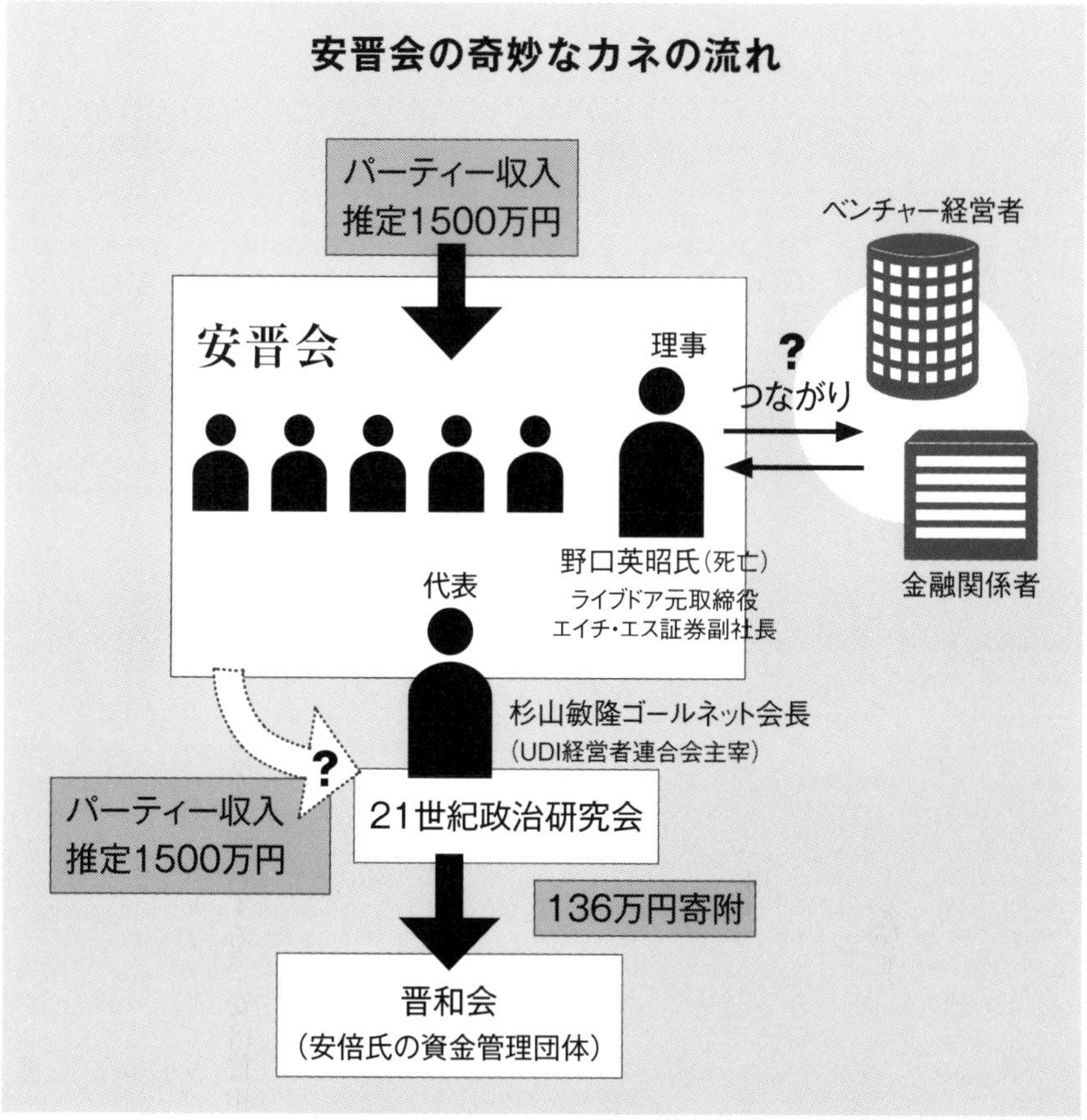

安晋会は安倍氏が自民党幹事長に就任した03年12月17日、パレスホテルで「新進気鋭の経済人と政治家の明日を考える会――安倍晋三君の自民党幹事長就任パーティー」を実施した。定員８００人の会場で、会費は２万円。大勢集まったと言うから、１５００万円以上を集めていたとしても不思議ではない。

パーティー後の12月25、29日に「21世紀政治研究会」という政治団体が、安倍氏の資金管理団体「晋和会」に計１３６万円を寄附した。同研究会は、杉山氏が管理する団体で、その年の10月に設立されたばかり。同研究会がパーティーで集めた資金の受け皿となり、その利益の一部を安倍氏に献金したということだ。

しかし、政治団体は年１回、選挙管理委員会に収支報告を提出しなければならないのだが、21世紀政治研究会は結局、報告書を出さなかった。その結果、安倍氏への136万円の献金以外のパーティー収入が、どこにどう消えたのか分からない。1000万円近いカネの行方が分からなくなっている。

これが安晋会の疑惑として残っている。安晋会は、もしかしたら裏金をつくる役割を担っていたのではないかと見られているのだ。

謎の死を遂げたライブドア元取締役が安晋会の理事を務めていた

安晋会の存在は、その後も取り沙汰された。その理由は、関わっているメンバーが多種多様だったからだ。例えば、耐震偽装事件と同時期に進行していたライブドア事件との関係も取り沙汰されたのだ。

東京地検特捜部は05年頃にライブドアに関する内偵を始めていた。年末に向けて、「特捜が動いている」という噂が出回るようになった。そして翌06年1月、ライブドアの元取締役でエイチ・エス証券副社長だった野口英昭氏が、沖縄のカプセルホテルで死亡するという事件が起きた。

沖縄県警は自殺と発表したが、不審な事実も多く、殺害された可能性もあると見られている。野口氏はライブドアで金融の専門家として、株価操縦や決算操作、不可解なM&Aなどの真相を知る立場にいたのではないかとも言われていた。事件の渦中でそういう人物が謎の死を遂げたことで、大きく注目された。

この野口氏が、安晋会の理事を務めていたことが明らかになる。当時、世論を二分していた2つの事件が、安晋会を通じてつながってしまったのだ。ライブドア事件では、様々なベンチャー経営者や金融関係者、コンサルタント、さらにはブローカーが登場していた。安晋会にそういう人脈が関わっていた可能性は高く、安晋会がそうした面々のマッチング組織として機能していたのではないかとも想像された。

会員には経済界のそうそうたる顔ぶれがズラリ

安晋会のメンバーには、外資系損保会社AIGの会長だった吉村文吾氏や、旅行会社HISの澤田秀雄会長といった著名な経営者も名を連ねていた。そしてもう一人、アパホテルなどを運営するアパグループ代表の元谷外志雄氏もいる。この元谷氏がその後、

安晋会の主なメンバー

名前	肩書き
杉山敏隆（会長）	ゴールネット会長、UDI経営者連合会
小嶋進	ヒューザー社長
野口英昭（理事・死亡）	ライブドアの元取締役、エイチ・エス証券副社長
元谷外志雄	アパグループ代表
元谷芙美子	アパホテル社長
吉村文吾	AIG元会長
澤田秀雄	HIS会長
前田利幸	前田興産社長

いろいろと話題となり、そこで再び安晋会の存在が取り沙汰されるようにもなった。

耐震偽装事件から1年後の07年1月、京都府にある2つのアパホテルの耐震強度が不十分だったことが分かった。アパは謝罪をしたが、偽装はなかったと主張。しかし、アパホテルの耐震偽装疑惑は1年前から指摘されていた。

アパホテル耐震偽装疑惑をめぐる茶番劇

そもそも耐震偽装を告発したイーホームズ代表の藤田東吾氏が、アパホテルに偽装の可能性があると訴え続けており、そのことを06年10月に安倍首相に直訴するため官邸に行ったものの、追い返されるという一件もあった。藤田氏は、安晋会幹部でもある元谷氏が、安倍氏を通じて偽装の事実を抑え込んだのではないか——という趣旨のことを主張していた。アパ側はこれを否定し、告訴すると述べた。が、告訴はなされなかった。

元谷氏と安倍氏については、「日本を語るワインの会」での関係も浮上。この会は、元谷氏が主催する私的な会合で、政治家や官僚を招いて懇談するというもの。アパの広報誌にその開催記録が残されている。

安倍首相が参加した会を記録した広報誌には、「今回のメンバーは、安倍晋三氏の後援会・安晋会の面々」と紹介されている。参加者を見ると、元谷代表夫妻とともに、安晋会を取り仕切っていた杉山氏、AIGの吉村会長といった面々。その中に安倍氏が写真に収まっている。いかに安倍氏が安晋会を重視していたかが窺われる。

File 2

事件はまだ終わっていない?

「ＮＨＫ番組改編事件」から続く安倍人脈の圧力

安倍首相とＮＨＫの因縁は深い。もともと安倍氏はＮＨＫの〝偏向報道〟を問題視して、事あるごとに指摘をしていたが、官房副長官だった01年、具体的な行動に打って出た。後に「ＮＨＫ番組改編事件」と呼ばれるものだ。

ＮＨＫは同年1月30日、「ＥＴＶ特集」で慰安婦に関する番組を放映。その内容について安倍氏と中川昭一経産相（当時）が、圧力を掛けたというものだ。05年に朝日新聞がこれを報じ、大問題となった。番組に関わったプロデューサーなどが「政治介入を受けた」と訴えたが、ＮＨＫは政治介入が上層部にあったことは認めなかった。

安倍氏はこの件について会見等で、圧力を掛けたことを否定した。が、安倍氏は放送総局長に対し、「ただでは済まないぞ。勘ぐれ」という間接的な表現で〝圧力〟を掛けていたという。圧力を掛ける言葉は使っていないということなのだろう。結局この件は、ＮＨＫの第三者委員会が05年9月に「（朝日新聞の記者が疑惑を）真実と信じた相当の理由はあるにせよ、取材が十分であったとは言えない」との見解を出し、朝日新聞も取材の不十分さを認めた。が、訂正や謝罪もなく、玉虫色で決着する形となった。

モヤモヤ感が残る中、翌年に安倍氏は総理大臣となる。07年6月には、自らと近い富士フイルムの古森重隆社長（当時）をＮＨＫの経営委員長に据える。そして、その古森氏によって、アサヒビールの福地茂雄会長がＮＨＫ会長に就任する。その後任には、ＪＲ東海の松本正之副会長（当時）が就任。ＪＲ東海というと安倍首相を応援する葛西敬之氏が会長を務める会社だ。

ＮＨＫでは89年から、内部昇格で会

長が決まっていた。それがＮＨＫの偏向報道が放置された原因だと考え、「民間の知恵を入れる」という口実の下、民間人会長を続けてきたわけだ。

そして話題になったのが籾井勝人会長の就任であるが、その前に、安倍首相によるＮＨＫ介入だと指摘されたのが、経営委員人事だった。13年10月、作家の百田尚樹氏、哲学者の長谷川三千子氏、海陽学園海陽中等教育学校長の中島尚正氏、ＪＴ顧問の本田勝彦氏が新任された。4名とも安倍首相と近い人物である。

欧州訪問から帰国し、NHK番組改編問題について記者の質問に答える中川昭一経済産業相（当時。2005年1月19日、成田空港）

このうち百田氏の舌禍騒動が噴出。14年2月、都知事選に出馬した田母神俊雄氏の応援演説で百田氏は、他の候補者のことを「人間のクズ」と称した。また、長谷川氏が、朝日新聞社で拳銃自殺した野村秋介氏について、「神にその死を捧げた」という追悼文を寄稿していたことも取り沙汰された。

これら安倍首相に近い人物は〝危険思想〟の持ち主であり、「公共の福祉に関し公正な判断をすることができる」ことを条件とする経営委員には相応しくないとの声も挙がった。

そして籾井氏は会長就任会見で「従軍慰安婦は戦争地域にはどこにでもあった」「政府が右ということを左とは言えない」と発言。物議をかもした。

その後、籾井会長は理事全員に日付のない辞表を提出させたことが国会でも取り上げられた。15年年明けも、お笑いコンビ「爆笑問題」の政治ネタをボツにしたとして話題になった。

このように籾井会長らは、自らの保守的志向を隠さず、批判にも屈せずにいる。このことは結果的に、安倍首相を守るどころか、むしろ足を引っ張っているようにも見える。

File 3

かつての闇献金事件を彷彿

「日歯連」と自民党界隈が再びきな臭い

かつて、「日《にっ》歯《し》連《れん》事件」という騒動があった。日本歯科医師会（日歯）の政治団体である日本歯科医師連盟（日歯連）で04年春、診療報酬を巡る汚職や、日歯会長選に絡む横領、政治家への闇献金などの事実が発覚。00〜02年に総額22億円の資金を政治家などにばら撒いたとされる。

この事件は政界では、平成研（橋本派）が舞台となった。日歯連の臼田貞夫会長が、橋本龍太郎元首相、野中広務元官房長官、青木幹雄自民党参院幹事長（当時）に1億円の小切手を渡したが、領収書も出さず、収支報告書にも記載しなかった。これが日歯連事件で明らかになった。起訴されたのは村岡兼造代議士のみだったが、これを機に、平成研の影響力は萎んでいった。「平成研が割を食う中で、どうにか逃げられたのが安倍だ」とも言われる。日歯連の資金は、安倍氏にも流れていたからだ。当時、安倍氏は「政策新人類」と称されていた根本匠前復興大臣、石原伸晃前環境相、塩崎恭久厚労相の３人と政策集団を結成。4人の頭文字をとって「ＮＡＩＳ（ナイス）」と命名した。このＮＡＩＳにも日歯連の資金が流れていた。99年、安倍氏は自民党の社会部会長を務め、衆院厚生委員会筆頭理事でもあった。その年、日歯連は安倍氏の資金管理団体「晋和会」に１００万円を寄附している。

日歯連は安倍氏らに、歯科医師が身体障害者の認定をできるようにする「身体障害者福祉法」改正への協力を依頼していたが、法改正は日本医師会などの反対で実現しなかった。ところが01年９月、厚労省は「部長通知」で歯科医に障害者の認定権を与えた。これにより歯科医師が、障害者だと認定する診断書を書くことが認められた。

その直後に開かれた日歯代議士会で臼田会長は、「官房副長官の山口県の安倍晋三さん、福島県の根本匠代議士、それから厚生労働省の今田障害保健福祉部長、この3人の方々が本当に一生懸命この問題に取り組んでいただいた」と挨拶。安倍氏にカネを出し、制度改定を要請し、叶った。見事な贈収賄だ。

その当時、安倍事務所は複数のルートから歯科医師からの寄附を集めていた。例えば、地元の「山口県歯科医師連盟」からのルートや、「自民党山口県歯科医師連盟支部」という職域支部を通したもの、さらに政治団体届出をしていない「下関歯科晋友会」なる任意団体からも寄附を受けていた。資金が歯科医系団体と安倍系団体の間をぐるぐる回り、よく分からないようになっていた。もしかしたら、何かを隠そうと意図してやっていたのだろうか。

日歯連臼田会長逮捕で報道陣が詰めかける、東京九段下の日歯連が入るビル（2004年2月）

このように歯科医師会とは良好な関係を築いていた安倍氏だが、最近の政治資金を見ると、日歯連絡みの献金はあまり見当たらない。日歯連事件で歯科医師側が政治資金には慎重になったことが理由らしいが、だとしたら、安倍氏への献金は後ろ暗い部分があったからだということになる。

さて、15年に入って日歯はきな臭い状態になっている。日歯会長選が行われたからだ。会長選のさなか、日歯連内での怪しげな資金の流れが明らかになり、朝日新聞が1面トップで報じる一件もあった。投票の結果、高木幹正氏が次期会長に選ばれた。菅義偉官房長官は選挙中、高木氏推薦の意志を表明。自民党の谷垣禎一幹事長と茂木敏充選対本部長も支持を表明。安倍政権下で再び、日歯と自民党の蜜月が始まるかもしれない。

File 4

安倍氏がのめり込んだカルト団体!?

「慧光塾」をめぐるうさんくさい事件

「慧光塾《えこうじゅく》」という宗教チックな団体があった。光永仁義（故人）という人物が代表を務め、その会員には、穴吹工務店やホテルニューオータニなど大手企業の経営者もいるという不思議な団体だった。この慧光塾と安倍首相が昵懇だったというのである。

　もともと光永氏は一事業家であった。が、91年頃に負債を抱えて会社は倒産。いったん故郷である山口に帰ることとした。その時、面倒を見たのが安倍家だったとされる。その後、光永氏が設立した「光カメラ販売」「光国際通信」の役員に、当時、安倍晋太郎の秘書だった安倍氏が就任している。相当近い関係だったと見ていいだろう。ちなみに、光国際通信にはなんと、「安晋会」の杉山敏隆氏の名もある。

　慧光塾は宗教団体ではなく、経営コンサルタントを名乗っていた。もともと慧光塾は、安倍家から紹介された女性霊媒師を擁立していたが、その女性が亡くなったので光永氏自らが〝教祖〟になったらしい。そのため、光永氏のコンサル内容は「お告げ」であったり、塩を使った「悪霊払い」などだった。一時はニューオータニのそこかしこに盛り塩がなされ、社内で問題になったこともあったという。

　そんな噂が広まる中、安倍氏と慧光塾の関係は継続していく。02年11月にニューオータニで光永氏の誕生パーティーがとり行われた際、官房長官だった安倍氏が挨拶に立ち、「毎日、光永さんのご指導のおかげと感謝しております。先生のパワーをですね、今、北朝鮮と交渉中の大使に送っていただいて、このパワーで北朝鮮を負かしていただきたい」と述べていたという。安倍氏は同年9月に訪朝したばかりだった。

安倍氏自身が広告塔としてお墨付きを与えていた「神立の水」。日刊ゲンダイの取材によると、事務所スタッフが別のミネラルウォーターで代用しようとしたところ、安倍氏は「だめだ！　あの水じゃなくちゃ、絶対ダメなんだ！」と激昂したという

広告塔も務めていた。関係会社「光ジャパン」が販売していたミネラルウォーター「神立《かんだつ》の水」のユーザーとして「自由民主党幹事長室」「衆議院議員安倍晋三事務所」が明記されていた。

この慧光塾が事件化する。07年２月、東京地検特捜部が詐欺容疑で環境リサイクル会社「イー・エス・アイ（ＥＳＩ）」の京塚光司社長を逮捕した。架空の債権を担保に金融機関から２億６０００万円の融資を受け、また別の会社から約束手形18通を詐取したというもの。ＥＳＩの京塚社長は、慧光塾の会員で、慧光塾の会員企業８社から10億円の資金を集めていたともいう。その資金の一部は、慧光塾への借金返済に使われたり光永氏へのコンサルタント料などに消えていったとも伝えられる。それによりＥＳＩは再び資金繰りが滞り、融資詐欺に手を染めることになったようだ。

東京地検特捜部は比較的早い段階から慧光塾に関心を寄せていた。上場企業が信奉する企業であり、かつ、安倍晋三という伸び盛りの政治家との関係が深いからだった。そういう中でＥＳＩ事件に着手したが、慧光塾系の８社が被害届を出さなかったために捜査はうまく進まず、05年７月、光永氏は59歳の若さで急死。真相は闇に消え去った。にもかかわらず特捜部が動いた背景には、安倍氏の存在があったとも見られている。慧光塾を捜査することで、安倍サイドの関与や資金の流れを把握しようとしたのではないかというのだ。

慧光塾自体は光永氏の死去でなくなった。が、安晋会の関係者の多くが、慧光塾と付き合いがあったとも指摘されている。だとすれば、慧光塾が雲散霧消したわけではないのかもしれない。

File 5

週刊ポストのスクープを華麗にスルー

「敷金疑惑」から浮かぶ神戸製鋼との怪しい関係

第1次安倍政権は、一連の「事務所費疑惑」で倒れたと言っていいかもしれない。内閣特命担当大臣の佐田玄一郎氏から始まり、松岡利勝農水相は「何とか還元水」と言ったばかりに注目を浴び、結局は自殺に追い込まれてしまった。決定打となったのは、赤城徳彦農水相だろう。事務所費疑惑の渦中に、顔に白いガーゼと絆創膏を貼ってマスコミの前に登場。記者が「どうしたのですか」と尋ねても「何でもない」と答えるばかり。安倍政権の支持率はどんどんと下がって行った。

その安倍首相自身の事務所費問題がある。「敷金疑惑」である。安倍氏は大物政治家なので、東京に議員会館以外にも事務所を持っている。それは千代田区平河町の「ノーブルコート平河町」にある。同所には「晋和会」「東京政経研究会」「新晋会」という3つの政治団体が置かれていた。ここは賃貸オフィスなので、家賃はもちろん払っているし、敷金も支払っているはずだ。ところが、敷金を支払った形跡がない。

政治資金規正法では、家賃や敷金は事務所費として「支出」欄に記載することとされている。敷金の場合は退去時に戻ってくるので、支払い額が100万円を超える場合のみ「資産」として収支報告書に記載することになっている。ところがこの3団体の収支報告書を見ると、資産の欄は「無」と記されている。敷金を計上していない。後に分かるが、同オフィスの敷金は360万円だったという。だとすれば当然、資産は「有」としなければならない。

ここで気になるのが、大家の存在。同ビルは神戸製鋼所不動産カンパニーの持ち物だった。神戸製鋼の不動産部門で、その後分社化され、神戸製鋼不

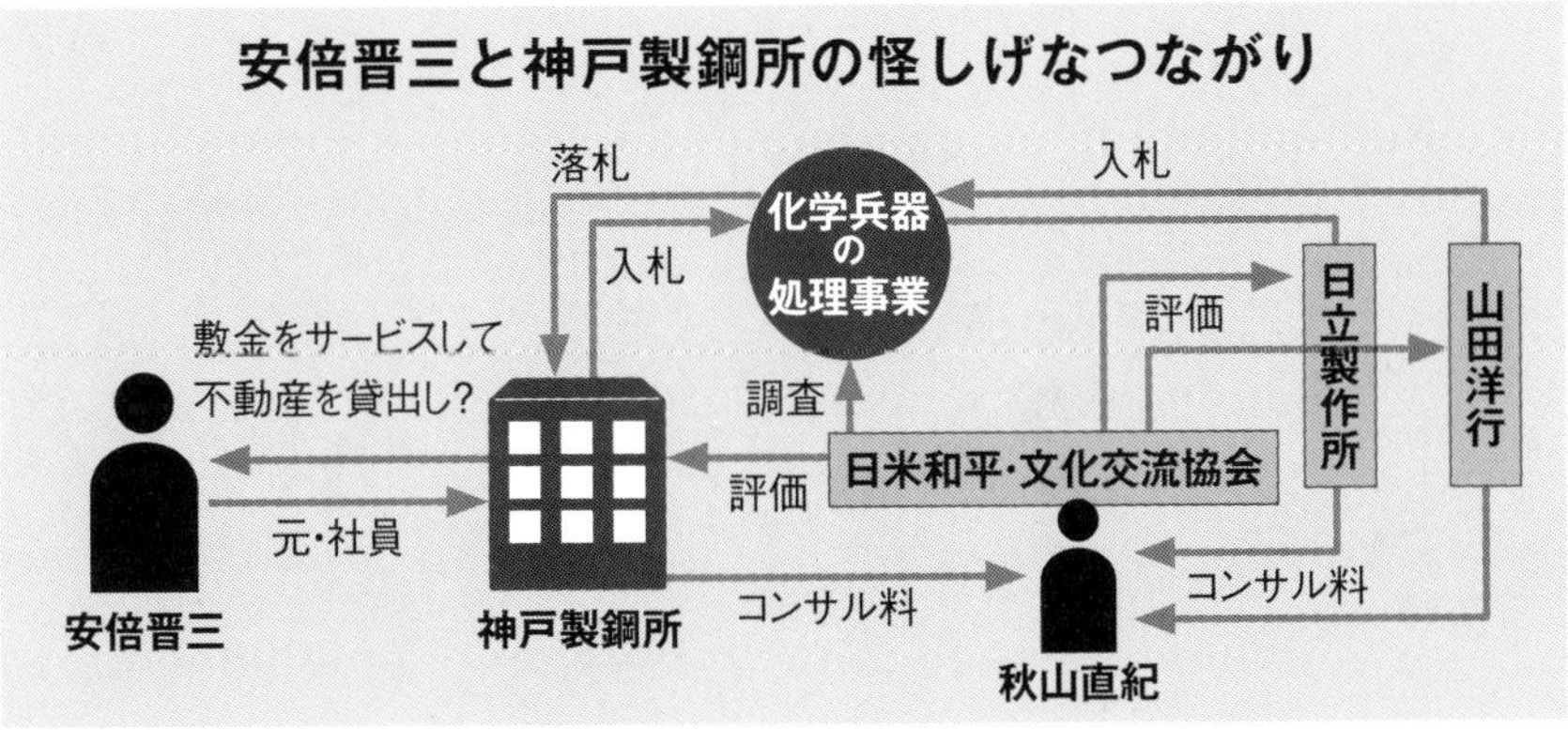

動産となる。神戸製鋼所は安倍氏が勤めていた会社だ。だとすると、神戸製鋼がサービスして、敷金を免除していたのではないか、とも勘繰りたくなる。だから、収支報告書には払っていない敷金を書かなかったのだろう、と。

しかし、政治資金規正法上、そうした行為は寄附にあたる。敷金をまけてもらった場合、その旨を記載しなければならない。明白な規正法違反となる。

この件、07年2月に週刊ポストが報じたが、安倍事務所はポストの質問には明確に答えずに、ポスト発売前に収支報告書を訂正。雑誌が発売された時点で、既に訂正を済ませていた。何とも姑息な対応を取った。国会でも追及されたが、どうにか乗り切った。

神戸製鋼所と安倍首相との関係では、別の疑惑もあった。守屋防衛事務次官の汚職事件で、防衛フィクサーと呼ばれる秋山直紀という人物が浮上。その後、秋山氏は別の事件で逮捕されるが、それに神戸製鋼所が絡んでくる。

福岡県の苅田港から旧軍の化学兵器が発見された。防衛省はこの処理方法を検討するための調査が必要と考え、03年2月に入札を実施し、「日米和平・文化交流協会」が落札した。同協会は化学物質処理で何の実績もない会社だったが、件の秋山氏が運営する団体だった。同協会は報告書を提出。山田洋行、神戸製鋼、日立製作所の3社の技術を評価するものだった。同年11月に報告書に基づいて神戸製鋼所が落札した。この点について一部では、「安倍利権が絡んでいるのではないか」との憶測も出回った。秋山氏は08年1月、この報告書に絡んで受け取ったコンサルタント料を脱税したなどの容疑で、東京地検特捜部に逮捕された。

File 6

2003年11月11日午後、火炎瓶事件で家宅捜索のため指定暴力団工藤会本部に入る捜査員（北九州市小倉北区神岳）

暴力団が安倍邸を襲撃!?

下関市安倍邸「火炎瓶事件」

北朝鮮の犯行かと思ったら、蓋を開けてみると暴力団の仕業だった――。どっちにせよ、きな臭い話である。

00年6、8月、山口県下関市の安倍氏の自宅や後援会事務所に火炎瓶が投げ込まれる事件があった。当時、安倍氏は官房副長官。当人は「北朝鮮の陰謀だ」と周囲に触れまわっていたという。が、逮捕されたのは、指定暴力団工藤会系組長・高野基、同幹部・池田利彦、元会社社長・小山佐市ら6人だった。そもそもは安倍事務所の佐伯伸之秘書が小山氏に、99年の下関市長選で安倍陣営が推す江島潔候補を支援してほしいという要請をしたことが発端だった。小山氏は、対抗馬の古賀敬章候補を「北朝鮮の金正日の手先」などと中傷する怪文書をばら撒いたという。

選挙は江島氏が当選。その成功報酬として小山氏は500万円を求めたが、300万円しか支払われなかった。そこで残金を要求したが拒否されたため、工藤会系組長と共謀し、衆院選挙期間に火炎瓶事件を起こしたのだという。

この件を週刊朝日が記事にしたが、「長崎市長を銃殺した容疑者の所属する暴力団」との関係を強調したため、これに安倍首相が強く反発。「週刊朝日の広告を見て愕然とした。全くのでっち上げで捏造だ。驚きとともに憤りを感じている」「私や私の秘書がこの犯人や暴力団組織と関係があるのなら、私は直ちに首相も衆院議員も辞める考えだ。関係を証明できないのであれば、潔く謝罪をして頂きたい」と会見で猛抗議をした。週刊朝日は朝日新聞紙面で謝罪した。が、経緯を見れば、安倍事務所の秘書は、暴力団と共謀できる人物に選挙違反をさせたわけで、安倍首相の反応は正に「逆ギレ」だ。

File 7

問題の引き金となった07年発売の週刊現代(9月29日号)の「安倍晋三 相続税3億円脱税疑惑」。安倍首相は「全くの捏造」としてブチ切れたが……

火のないところに煙は立たぬ?

週刊現代が報じた「相続税3億円脱税」疑惑

安倍首相は07年9月12日、突然辞任を表明。7月の参院選で大敗したが辞任はせず、8月末に内閣を改造。2日前には国会で所信表明演説も行った。にもかかわらずの辞任表明だった。その理由は様々推測されたが、週刊現代のある記事が原因ではないかとも言われた。毎日新聞もそれに触れていた。

その記事が「相続税3億円脱税」疑惑だった。この〝脱税〟の仕組みは、政治団体をフルに活用したものである。

そもそもは、安倍首相の父、安倍晋太郎氏自身の節税から始まる。晋太郎氏は82~91年の10年間で6億円の資産を自身の政治団体に寄附した。「晋太郎会」に2億5985万円、「晋和会」に2億5897万円、「夏冬会」に1億1940万円、合計6億3823万円。

個人献金をすることで、所得からその分を控除できる。10年間せっせと節税に励んだわけだ。首相を目指していた政治家としてはどうかとも思うが。

82年というと、安倍晋三氏が神戸製鋼所を辞め、外務大臣だった父の秘書官になった年だ。次男の晋三氏が正式に晋太郎氏の後継になった時とも言える。その時期から資産を政治団体に集め始めたのは、自分の節税もあるが、晋三氏への遺産相続を考えた可能性も高い。直接相続になれば、相続税を取られてしまう。が、晋三氏が政治団体を引き継げば、相続税ゼロとなる。

晋太郎氏は91年5月に亡くなり、同年7月に晋三氏が政治団体を引き継いだ。そして93年に初当選する。

週刊現代の記事が首相辞任の引き金になったか否かは不明だが、それにしても安倍政権になって相続税増税の道が拡がった。自分が相続税を払っていないのに、国民からむしり取るとは――。

Profile

安倍晋三を考える会

新聞、テレビ、週刊誌など、既存のメディアの安倍政権報道に疑問を投げかける気鋭の現役ジャーナリスト集団。独自の情報網と取材により入手した最新情報を、様々なメディアで発表している。

Staff

カバー・イラスト・本文デザイン……CONROD

写真……共同通信社／アマナイメージズ

編集……安倍晋三を考える会

安倍《あべ》晋三《しんぞう》とは何者《なにもの》か？

日本の仕組みをつくり変える政治家の正体

2015年4月10日 初刷発行

著　者　安倍晋三を考える会

発行人　佐久間憲一

発行所　株式会社牧野出版

〒135-0053
東京都江東区辰巳1-4-11 STビル辰巳別館5F
電話 03-6457-0801
ファックス（ご注文）03-3522-0802
http://www.makinopb.com

印刷・製本　中央精版印刷株式会社

内容に関するお問い合わせ、ご感想は下記のアドレスにお送りください。

dokusha@makinopb.com

乱丁・落丁本は、ご面倒ですが小社宛にお送りください。
送料小社負担でお取り替えいたします。